青木　均・尾碕　眞
岡野純司
［著］

最新 流通論

創成社

はしがき

流通とは，生産と消費の間の経済的な隔たりを橋渡しするための経済活動を指す。我々は，流通という言葉に接した時に，そもそも流通とは何か？　そこにはどのような活動が含まれるのか？　誰が流通活動を担当しているのか？という疑問を持つ。併せて，国家の政策が流通をどのように規制するのかという疑問を持つかもしれない。さらに，現在，コンピュータ・ネットワークを活用したビジネスの情報化が著しく進展しているが，そのことは流通にどのような影響をもたらしているのかという疑問も生じる。3名の執筆者は，以上の疑問に答えることを念頭に置いて，本書を執筆した。

第1章では，流通活動を整理すべく流通機能を解説し，さらに，流通の仕組みである流通機構を解説している。ここでは，流通とは何か？　という疑問に答えている。

第2章，第3章，第4章，第5章では，主要な流通機関である，消費者，小売業者，卸売業者，生産者の流通担当について，それぞれ解説している。誰が流通活動を担当しているのかという疑問に関連した内容である。第2章では，消費者の購買行動と組織的流通対応を扱っている。第3章では，主に，小売業者の社会的役割，分類，構造，競争を扱っている。第4章では，主に，卸売業者の社会的役割，機能，形態，現状を扱っている。第5章では，マーケティング概念の誕生を中心に，生産者の流通対応を扱っている。一般に，流通に関わる機関といえば小売業者や卸売業者という流通業者（商業者）が思い起こされる。しかし，流通機関には生産者と消費者が含まれることに注意を払う必要がある。したがって，本書では生産者と消費者の流通担当を独立した章でそれぞれ取り上げている。

第6章では，流通情報システムや電子商取引など，流通における情報化の進展に関するさまざまな側面を解説している。第7章では，我が国の流通政策として，競争，振興，調整など流通に関する主な政策の解説をしている。さらに，近年重視されているまちづくりや消費者保護に関する政策も記述している。

流通に関する研究には膨大な蓄積があり，そのおかげで，本書が完成した。執筆にあたって，直接的に引用・参考にした文献については，各章の注に記してある。また，それとは別に，必要に応じて，読者の理解の助けになる文献を各章末に提示している。

本書の主たる想定読者は，大学のビジネス系学部（経済学部，商学部，経営学部など）において流通を学ぶ学生である。それらの学部では，流通が主要学問領域として扱われ，さまざまな流通関連科目が設置されている。そのなかでも，我々執筆者は，初級から中級段階の科目で，本書が教科書として活用されることを企図している。また，販売士のような流通に関係する資格試験の受験者も読者として想定している。

その想定読者に向けて，基礎概念を重視しながら，3名の執筆者が各自の専門性を活かして，本書を分担執筆した。その際，執筆者間で話し合い，内容の調整を行った。調整について不十分な点がある場合，今後改訂の機会があれば，改善を図る。

なお，本書は，創成社より2014年に出版された『新流通論』〔改訂版〕を基盤としている。しかしながら，経済社会の変化を受けて，執筆者を交代して，その内容刷新を図った。

最後に，出版事情が厳しいこの時代に，快く本書出版をお引き受けいただいた（株）創成社代表取締役塚田尚寛氏，本書の編集に多大なご配慮をいただいた同社出版部西田徹氏，他関係者に心よりお礼を申し上げる。

2020年春

執筆者を代表して

青木　均

目　　次

第 1 章　流通の社会的役割と流通機能

第１節　流通とは

１．身近な生活と流通

現代社会において我々は，日常生活を送るために多くのモノ（財）を消費し，これらなしには便利で快適な生活を送るのが不可能となっている。しかし，これらのモノのうち大半は製造業者や農家など生産者が生産したモノであり，自分自身で生産したモノを消費することは圧倒的に少ないことに気づく。また，我々が生産者から直接モノを購入することは少なく，これらを卸売業者・小売業者など流通業者を経由して購入している。

これらの用語を詳しく説明すると，生産とはモノやサービスなどを産み出す諸活動のことであり，農林水産業や鉱業のように自然界からモノを採取する場合や，工業のように工場でモノを生産する場合，サービスを生産する場合などが挙げられ，これらの多くは事業者が利益を得ることを目的とした生産活動により生み出されている。また，消費とは人間が生活のためにモノ（衣食住に必要な物品など）・サービス（運輸・娯楽・教育など）を費やすことであるが，事業者なども事業活動のためにモノ（機械・設備や原材料など）やサービス（輸送・修理など）を消費している。

これらのうち消費者が消費するモノを対象として考えれば，モノの生産と消費の間における隔たり（懸隔）を橋渡しするのが流通であり，橋渡し（架橋）をする機能を流通機能と呼び，生産から消費に至るまでの社会的にモノを流通させる仕組みを流通機構（流通システム）と呼び，流通機構の中でモノが流通する道筋を流通経路（チャネル）と呼んでいる。さらに，モノが生産から消費に流通する対価として貨幣が消費から生産に移転する流れも存在する。そしてこれら流通に着目して学習するのが流通論という学問である。

本章では，我々の身近な存在である流通の社会的な役割とその機能について取り上げる。

2. 流通の誕生とその歴史[1)]

流通が誕生する以前には，人々は自ら消費するモノはいわゆる自給自足により確保していた。例えば，最初は自然に存在する動物を狩猟し，魚介類を捕獲（漁労）し，あるいは植物を採集することによって食料を獲得し，その後，農耕（我が国では水稲耕作）が拡大することにより，自然条件の影響を受けやすい狩猟などに比べて安定的に収穫物が確保できるようになった。そして，生産量が拡大するとともにモノが恒常的に余るようになった。

人々が居住する特定の土地で調達できないモノは他の人々が調達するモノとの交換（物々交換）によって入手されることになる。無論，自給自足の生活を行っていた時代から物々交換が行われていたが[2)]，モノが恒常的に余るようになってから本格的に行われるようになった。そして物々交換の当事者間に安全で相互に有利な交換方法が必要となった。元来，物々交換が成立するためには，当事者間で，相手が交換対象としているモノがそもそも欲しいモノなのか，あるいは欲しているのが今なのか（欲求の一致），交換するモノの量や価値が一致しているか（数量・比率の合意）などの問題を解消することが必要となる。そこでこれらを克服するために導入されたのが交換に金，銀，銅など金属を貨幣として媒介させる方法であった。

貨幣には交換機能，価値の尺度機能，価値の保存機能があり，これらの機能により物々交換の問題を解消することが可能となった（表1-1）。例えば，今自らが所有しているモノを貨幣と交換して保存し，欲しいモノが生じた場合に貨幣とモノとを交換すれば欲求の一致の問題は解消することができる。また，貨幣の単位を商品の価値を決める物差しとして活用すれば，交換するモノの量や価値もスムーズに決定することができ，数量・比率の合意の問題も解消するこ

表１－１　貨幣の機能

機　能	内　容
価値の保存機能	富の蓄積として利用する
交換（決済）機能	当事者が必要なモノを手に入れるための交換をスムーズに行う媒介として利用する
価値の尺度機能	商品の価値を決める物差しとして利用する

出所：全国銀行協会ホームページ「お金の機能とは？」，
https://www.zenginkyo.or.jp/article/tag-g/5228/
（2019年９月11日閲覧）から筆者作成。

とができる。さらに，金属には保存性があるため富の蓄積に利用することも可能となる。そしてこのような機能を持つ貨幣は，交換手段として浸透し，モノの交換を盛んにする役割を果たすこととなった。

モノの交換が盛んに行われるようになるとモノの生産を専門的に行う生産者が出現し，交換を前提としてモノを生産し貨幣と交換するとともに，自ら消費するモノを貨幣と交換して手に入れるということが行われるようになった。そして一体化していた生産と消費が徐々に分化していくこととなり，さらにモノの交換を円滑にするため，独立の職業集団として商人が社会的に分化した[3)]。商人は，行商や旅商人から始まり，交換の場である市（いち）が定期的に開催されるようになり，その後，常設の市や恒常的な店舗が設置されるようになった。

このように，モノの生産力の向上とともに，自給自足として一体化していた生産と消費が分化して社会的分業が行われるようになり（分業社会），流通が生み出されることとなった。では，なぜ流通が生産と消費との間を媒介する必要があるのであろうか。そこで次節において生産と消費の間にある社会的な懸隔のうち主要なものを概観し，第３節以下で生産と消費の間のモノの移転を阻害する社会的な懸隔を架橋するための流通の役割について説明する。

第２節　生産と消費の懸隔[4)]

１．所有権の懸隔（人的懸隔）

所有の懸隔とは，生産者と消費者が社会的分業の結果として異なる主体（別人格）となり，生産・消費されるモノの所有者がそれぞれ異なることから生じる懸隔である。自給自足が行われていた時には，自ら生産したモノを自ら消費していたのでこのような問題は生じなかった。しかし分業社会では，生産者は消費者のためにモノを生産し，モノを消費者に引き渡すことが必要となるものの，モノを所有する権利はそれを生産した生産者が有しており，消費者はこの権利を何らかの手段で自ら所有しない限りそのモノを消費することができない。ここに所有権の懸隔が生じることになる。

２．空間の懸隔

空間の懸隔とは，生産が行われる場所と消費が行われる場所が相違しているために生じる懸隔である。自給自足が行われていた時には，自らがモノを生産した場所で消費していたのでこのような問題は生じなかった。しかし，分業社会では，生産者がモノを生産する場所は社会的な諸条件を考慮して生産・流通に有利な場所が選択されることが一般的である。

例えば，原材料が安く調達できる・豊富である，工場を設置する場合の地価，人件費等のコストが安い，消費地に近い，交通の便がよいなどの要因により立地が決定されることになる[5)]。これに対し消費は，遠近があるものの生産の地点と関わりなく主として消費者が居住する地点で行われるため，ここに空間の懸隔が生じることとなる。

３．時間の懸隔

時間の懸隔とは，生産が行われる時と消費が行われる時に時間的な隔たりがあるために生じる懸隔である。自給自足が行われていた時には，自らが必要な時に必要なモノだけ生産し，あるいは自らがモノを生産した時と消費する時との間にさほど差がなかったためにこのような問題は顕在化しなかった。しかし，分業社会では，生産者がモノを生産した時に消費者が消費を望むとは限らないことに加え，多くの場合には生産の時点から消費の時点まで時間的な隔たりがあることが前提となっている。

身近な生鮮食品を例にとってみれば，魚を採取した時から腐敗する前に消費者に届ける必要がある。また，工業製品についても，工場の生産能力と時期的・季節的な消費量に乖離がある場合には，年間を通して消費量を予測し，これに合わせて計画的に生産を行うという，いわゆる見込み生産が行われる。この場合も生産と消費の間に時間の隔たりが存在するため，何らかの手段でこれを埋める必要が生じる。

４．数量・組合せの懸隔

数量・組合せの懸隔とは，生産が行われる際のモノの数量・組合せと，消費が行われる際のモノの数量・組合せに相違があるために生じる懸隔である。自給自足が行われていた時には，自分が消費したい数量だけ，あるいは消費したいモノだけ生産していたのでこのような問題は生じなかった。しかし，分業社会では，生産者は技術的条件などで限定された種類のモノを経済的な側面などから大量に生産することが多く，これに対し消費者は自ら生活に必要とする多様なモノを少量ずつ消費するのが一般的である。ここに数量・組合せの懸隔が生じることになる。

５．情報の懸隔

情報の懸隔とは，生産が保有している情報と消費が保有している情報の内容，量などに相違があるために生じる懸隔である。自給自足が行われていた時には，生産者と消費者とが一致していたために情報の内容，量などに相違は生じなかった。しかし，分業社会では，生産者は，消費者が何を，どこで，いつ，どのくらいの量をどのような価格で入手し消費したいと思っているかについて知

図1－1　流通フロー

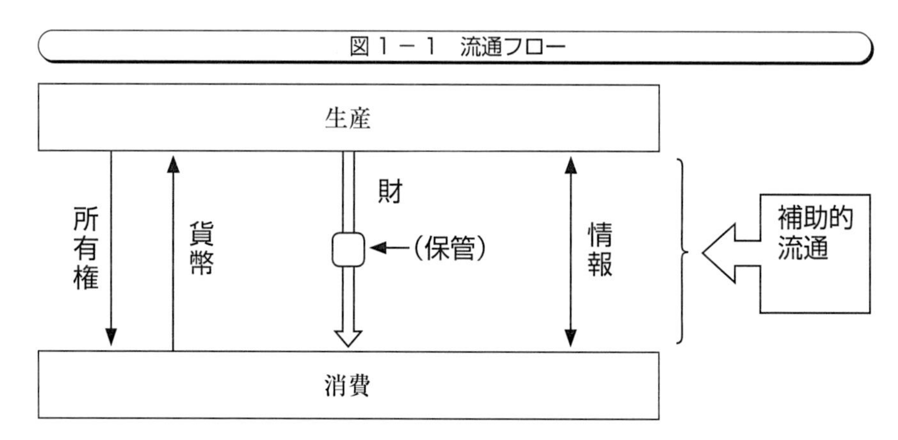

出所：鈴木安昭（東伸一・懸田豊・三村優美子補訂）『新・流通と商業〔第6版〕』有斐閣，2016年，6頁を基に筆者作成。

らず，消費者も生産の知識がないことから生産者が何を，どこで，いつ，どのくらいの量をどのような価格で生産し販売したいと思っているかについて知らないため，ここに情報の懸隔が生じる。特に近年，生産技術の進歩により生産されるモノの品質，性能などが複雑化しており，生産者はモノの情報について大量に保有しているものの，消費者がこれらの情報を保有する量が少なく，ここに情報量の格差（このことを情報の非対称性という）が生じやすくなっている。

第3節　流通の社会的役割と流通機能

1．流通の社会的役割

前節でみたモノの生産と消費の間にある懸隔を架橋する役割を果たすのが流通である。この役割をより具体的にみると，生産と消費の間を①所有権，②貨幣，③モノ（財），④情報，の4つの要素が順調に移動することで遂行され，また，①所有権と②貨幣の移動は一対となっており所有権の移動に包含することができ[6]，これらの移動を総合して流通フローと呼ぶ。流通フローは，①所有権と②貨幣の流れである商的流通あるいは商流（貨幣の流れのみを資金流と呼

表１－２　懸隔と流通機能との関係

懸隔の種類	流通フロー	架橋する流通機能		
所有権の懸隔	商的流通	所有権移転機能		流通補助機能
数量・組合わせの懸隔	商的流通	所有権移転機能		流通補助機能
空間の懸隔	物的流通（輸送）	輸送機能	物流機能	流通補助機能
時間の懸隔	物的流通（保管）	保管機能	物流機能	流通補助機能
情報の懸隔	情報流通	情報伝達機能		流通補助機能

出所：筆者作成。

ぶ），③モノの流れである物的流通あるいは物流（輸送と保管に分けられる），④情報の流れである情報流通あるいは情報流（生産と消費双方向の流れがある）に分かれている（図１－１）。

また，流通機能とは，流通が社会的に担っている活動であり，それぞれの懸隔を架橋する流通機能の組合せとして，所有権の懸隔および数量・組合せの懸隔は所有権移転機能が架橋し，空間の懸隔は物流機能のうち輸送が架橋し，時間の懸隔は物流機能のうち保管が架橋し，情報の懸隔は情報伝達機能が架橋することとなる（表１－２）。さらに，これら３つの機能を補助するための流通補助機能も存在している。それぞれの流通機能の詳細は後述する。

そして流通が社会的な役割を果たすことにより，生産者は，消費者に対し，消費者が望むモノを，望む場所で，望む時に，望む量を，望む価格で販売することが可能となり，消費者は，生産者から望むモノを，望む場所で，望む時に，望む量を，望む価格で購入し消費することが可能となる。

これに対し流通が社会的な役割を果たさない場合には，例えば生産者に消費者が必要とするモノの性能，デザインなどの情報が不足することにより，生産者はこれらを生産することができず，あるいは消費者が必要とする量がわからずに生産量の過剰・不足が生じるといった事態が生じる。また，生産者に消費者がモノを必要としている場所の情報が不足することにより，モノの配分に偏りが生じて地域間で在庫の過剰・不足が生じるといった事態が生じる。消費者が生産者の生産するモノの性能や使い方がわからないと，必要なモノを購入できない，あるいは消費の方法がわからないといったことになる。

また，流通は我が国の国内だけでなく，我が国と諸外国との間においても流れており，流通の起点と終点の間に国境が存在する流通を国際流通あるいは貿易（国際貿易）と呼んでいる[7]。国際流通では，国ごとにそれぞれ独自の自然，文化，社会，経済などがあり，言語，貨幣，商慣習，計量単位などに差異を生じるためこれらを克服し，あるいはそれぞれの国が制定する法規制に従う必要があるため，国内流通よりも複雑な作業・手続きが必要となり，かつ，取引上の危険が多くなる。しかし，石油，鉱物など自然資源の分布や栽培可能な農作物の差異など自然条件の差異，資本・人的資源・技術力などの蓄積の差異といった社会・経済条件の差異から，今日では生産の国際分業が行われており，自国で割安で生産できるモノを他国に輸出し，自国で生産すると割高なモノを輸入することが行われている[8]。

我が国の国際流通の全般的な特徴としては，諸外国から石油・鉱物など資源や食料を輸入しておりこれらの輸入依存度が高く，これに対し自動車，鉄鋼，機械類，先端技術製品など多岐にわたって輸出しているという特徴を有している。また，消費財では衣料品，電化製品，家庭用品など海外で生産された製品を輸入することが増大する傾向にある。

2．流通の主体

流通機構を構成する主体には，生産者と消費者，そしてその間に介在する流通業者が挙げられ，流通業者はさらに卸売業者と小売業者に分けることができる。しかし，近年では社会的分業が進行し，流通業者が担っていた流通機能の一部を専門的な事業者が担う場合が増加している。例えば，物流のうち輸送については輸送業者（身近な例でいえば宅配業者などが挙げられる）が，保管については保管業者（倉庫業者などが挙げられる）がそれぞれ専門的に機能を担う場合があり，情報流でいえば電気通信，出版・放送，広告，市場調査などを専門的に行う事業者が挙げられる。さらに，流通補助機能のうち流通金融については金融機関や信用販売会社等が担う場合があり，危険負担機能については保険会社が担う場合がある。

また，消費財の流通では消費者が消費を担う場合が一般的であるが，事業者が事業活動のため消費を担う場合もある。

3．流通における市場の役割

流通の各段階の間には市場が形成されており，市場とは多数の売主と多数の買主が互いに競争し合いながら商品・サービスを取引する概念的な場である。経済学の視点で捉えると，市場で取引される商品の価格は市場における需要（買主が欲する商品・サービスの量）と供給（売主が提供する商品・サービスの量）を調整する役割を有しており，需要が多く供給が少ないと価格が上がり，需要が少なく供給が多いと価格が下がることとなる。そして需要と供給が一致したところで価格が決まり，この価格を目安として取引が実行されることになる。

流通の各段階の間における市場は，取引の対象となる商品分野，取引が行われる地理的範囲，取引相手の範囲などで区分され[9)]，それぞれの市場では売主が買主にモノを供給するために，価格の安さだけでなく品質や付帯サービスの良さに磨きをかけて競争を行っている。

第４節　商的流通

1．商的流通とは

第4節では，流通フローのうち商的流通と，流通機能のうち商的流通を実行する所有権移転機能を説明する。

まず，所有権の概念から説明する。所有権とは，モノを全面的に支配し，そのモノを誰の許可を得ることもなく自由に使用，収益（モノを利用して利益を上げること）および処分をすることができる権利であり（民法第206条），つまり我々がモノを消費するためにはそのモノの所有権を入手する必要がある。しかし，モノの所有権を持つということは，そのモノに生じる可能性のある損失（危険）

を所有者自ら負担（このような原則を危険負担という）しなければならなくなる。例えば商品に則して説明すれば，所有権を有する商品が保管中に破損し，あるいは紛失した場合には，所有者がこれにより生じる損失を負担する必要があるし，商品が売れ残った場合には，値下げして販売する，あるいは廃棄処分することにより生じる損失（危険）を所有者が負担する必要がある。このような所有権に関する基本的な考え方を踏まえた上で商的流通について説明する。

商的流通とはモノの所有権が生産者から消費者に移転するフローであり，所有権の懸隔を架橋するものである。通常，所有権の移転には対価として貨幣が支払われるため，商的流通では，生産者から消費者に対する所有権移転機能と消費者から生産者に対する資金流とをセットで捉える。そして所有権移転機能は，需要と供給とを結びつけ両者を調整するという需給接合機能を本質とするため，流通の実質的・本質的側面として位置づけられている[10)]。

消費財の流通では，生産者から流通業者を経由して消費者にモノの所有権が移転することが一般的であり，流通の各段階の間に市場が形成され，買主と売主の間で売買取引が行われている[11)]。

2．売買取引の種類

売買取引の種類は多様であるが，以下においてその代表的な形態を説明する[12)]。

（1）相対売買と競争売買

売買当事者の多寡に応じて分類すると，相対売買と競争売買に分類することができる。相対売買は売主と買主とが１対１の交渉で成立する売買であり，最も一般的な売買取引である。

これに対し競争売買は，売主・買主のいずれかあるいは両方が複数のときに，お互い競争し合いながら行う売買取引である。競争売買は，さらにせり売買（口頭で申し入れるもの）と入札売買（文書で申し入れるもの）に分類することができる。

競争売買のうち，売主が１人で買主が複数人であるものとしてオークションによる売買や卸売市場の野菜，鮮魚などのせり売買が挙げられる。また，売主が複数人で買主が１人であるものとして公共財の調達のための競争入札が挙げられる。

（２）実需売買と投機売買

売買取引の目的から分類すると，実需売買と投機売買に分類することができる。実需売買は，消費者の実際の需要を充足する目的で行われる売買であり，日常的に行われている売買取引である。実需売買では，消費者の需要に供するため現品の引渡しと対価の支払いが必要となる。

これに対し投機売買は，将来的な相場の変動による価格変動により生じる現在の価格との差額から利益を得ることを目的として行われる売買である。投機売買の例としては，将来の一定の期日に商品を受け渡すことを約束して，その価格を現時点で決めて売買取引を行う商品取引所での先物取引が挙げられ，我が国では対象商品として農作物（大豆，小豆，トウモロコシなど），資源（原油，ガソリンなど），金属（貴金属，非鉄金属など）などで取引が行われている。

（３）直接売買と間接売買

売買取引への立ち合い者により分類すると，直接売買と間接売買に分類することができる。直接売買とは，売主・買主本人同士が直接交渉して行う売買取引であり，これが一般的な売買取引である。これに対し間接取引とは，売主・買主同士が直接交渉せず，代理人を介して行われる売買取引である。間接取引には，商法に規定されている代理商，仲立人，取次商などを介した売買取引が挙げられる。

３．売買契約の概要

流通の各段階の間（生産者・流通業者間，流通業者間，流通業者・消費者間など）で売買取引が行われる場合，売主と買主との間で，取引条件の提示 → 取引条件の交渉 → 取引条件の合意（取引の申込と承諾による意思の合致）＝売買契約の成立

→ 売主から買主に対するモノの引渡しと買主から売主に対する対価（貨幣）の支払い，というフローで取引が進行する。

売買取引の根拠となる売買契約は，我が国では民法（一般的な売買契約について適用される）と商法（商人間の売買契約に限定して民法に優先して適用される）に定められている。民法では売買契約について，売主がある財産権（モノの所有権が含まれる）を相手方に移転することを約束し，買主がこれに代金を支払うことを約束することによって成立する契約としており（民法第555条），民法に定められている売買契約の特徴は双務（売主と買主双方に義務が発生する）・諾成（申込と承諾による売主・買主間の意思表示の合致により契約が成立する）・有償（買主から売主に代金の支払いが行われる）であることが挙げられる。また，売買契約は，特に契約書などの書面を作成しなくても成立する契約（不要式契約）であるため，口頭での契約（口約束）でも成立する。ただし，売買契約書は，売買取引に必須ではないとしても，取引上発生しうる危険，費用等の当事者間での分担を事前に明確化し，事後のトラブルを防ぐことに役立つため，特に事業者間の取引では一般的に作成されている。

現実の売買取引は，前述した取引のフローや契約の様式に限らずさまざまな取引のフローや様式により行われている。特に事業者間の取引においては，個々の売買取引が反復・継続して行われることが多いことから，契約の様式として，1回の取引（単発取引）ごとに売買契約書を作成する方法に加え，継続的な売買取引全体に適用される取引条件を記載した売買基本契約書と1回の取引ごとの取引条件を記載した個別契約書とを作成する方法を用いることも多い。売買基本契約書に記載される取引条件は，これを排除する特約を個別契約書で定めない限り，個別契約の取引条件となる。

これに対し事業者と消費者との間の取引では，高額品（例えば自動車や家など）や法律により契約書の作成を事業者に義務づけている場合でなければ[13]，契約書が作成されることは少ない。消費者が店舗で最寄品を購入する場合を例にとれば，小売業者による取引条件の提示は店頭に商品を陳列し，正札（値札など）に商品価格などの情報を提示することで行われ，この際に取引条件の交渉は行われず，取引の申込は消費者が店舗のレジスターに商品を持参することで行われ，小売業者は特に拒むこともなくこの商品の金額をレジスターに入力した上で消費者に商品を渡すことで取引を承諾したことになり，この時点で売買契約が成立したことになる[14)]。

●トピックス　未成年者の行為能力

売買契約に限らず，契約を締結する際には自分で行った契約締結（法律行為）の効果を確定的に自分に帰属させる能力（行為能力）が必要となる。これは行為能力がない者（制限行為能力者）を保護するためであり，この代表例としては，自分で契約内容を理解し契約締結すべきかどうか判断する能力が弱い未成年者が挙げられる。

未成年者が契約を行う場合，原則として親権者など法定代理人の同意が必要であり，未成年者が親権者などの同意が必要な法律行為でこれを得ずに単独で行った契約は取り消すことができる（民法第５条第２項）。この規定は，未成年者が悪徳商法などにより不必要な商品・サービスや高額な商品・サービスを購入させられたときに，未成年者を保護するために利用されている。

４．売買契約の内容

事業者間の継続的な売買取引での個別契約および基本契約の様式・内容をみると，個別契約では商品の品名，数量（個数，重量，容積など），価格（単価と総額），引渡条件（引渡期日，場所，方法等）等を記載した注文書（買主から売主に発行される書面）と注文請書（売主が注文書の記載内容を承諾した場合に発行される書面）とのやり取りによって簡易・迅速に売買契約の締結が行われることが多い[15)]。また，売買基本契約書で定められる主要な内容としては，次のようなものがある。

（1）仕様・内容

購入する商品の仕様・内容の決定においては，実際に購入する商品を確認して選択する方法，商品の仕様・内容が記載されたカタログなどから選択する方法，仕様書・銘柄・規格などにより仕様・内容を売主に指定して納入させる方法などが挙げられる。これらの仕様・内容は個別契約に記載される場合もあるが，売買基本契約書に定めておき，個別契約では個数など簡略的に記載する場合も多い。

（2）所有権の移転時期

前述したとおり，モノの所有権を有していることによりモノを全面的に支配し，そのモノを誰の許可を得ることもなく自由に使用，収益，処分をすることが可能となるから，売買契約における一定の時点において，目的物の所有権が売主にあるのか，買主にあるのかは重要な問題となる[16)]。モノの所有権の移転時期は売買契約の当事者間で自由に定めることができ，標準的な売買基本契約書では所有権の移転時期を，①売主が買主に商品を引き渡した時，あるいは②引渡後に買主が商品を検査し合格した時，のいずれかに定める場合が多いものの[17)]，③買主が売買代金を支払った時に定める場合もある[18)]。

●トピックス　事業者間の取引における所有権の移転時期

事業者間の売買取引における所有権の移転時期の特殊な例として，卸売業者・小売業者間の売買取引で小売業者の物流センターを利用する場合，卸売業者が小売業者に商品を引き渡した後も卸売業者が所有権を有したまま小売業者に商品を預け（このような在庫を預け在庫という），小売業者が必要とする時点で小売業者に所有権を移転する方法や，売主が買主から代金を回収できない場合に商品を回収しやすいよう，買主の代金支払いまで売主が商品の所有権を買主に移転しない方法（所有権留保という）などが行われることがある。また，後述するように小売業者が卸売業者に売残りリスクを負担してもらうために所有権の移転を消費者に販売する時点まで繰り下げる仕入方法（委託仕入・売上仕入が該当する）が特に百貨店で多用されている。

（３）対価の支払条件

対価の支払条件においては，支払われる対価の種別（現金払い・手形払い（後述）・小切手払いなど），対価が現金である場合には手渡し・金融機関への振込の別（振込の場合は振込手数料の負担者も決められる場合が多い）が定められる。また，継続的な商品の売買契約では，対価の振込に掛かる振込手数料や事務作業の負担を減らすために一定期間分（１カ月分など）の取引で生じた対価を指定日にまとめて支払う（例えば当月分の商品代金を翌月末日にまとめて支払うなど）という制度（締切制度という）が用いられることが一般的であり，これらの内容を定めることが多い。

（４）費用の負担

費用の負担においては，例えば商品を梱包する費用や引渡場所が買主の指定場所であった場合の商品の輸送費用，電子商取引を用いる場合の情報機器の設置・運用費用などを買主・売主どちらが負担するかといった内容を定めることが多い。

（５）契約の終了

民法では，当事者が定められた義務を履行しない場合，例えば売主の側では定められた商品（数量や仕様・内容など）を引き渡さない，引き渡した商品に品質・性能の不備（瑕疵）がある，引渡期日を守らない場合など，買主の側では代金の全部または一部を支払わない場合などには，契約に違反した相手方に一定の期間を定めて履行を催促し，それでも履行されない場合には契約を一方的に終了（解除と呼ばれる）することができると規定されている（民法第541条）。また，契約の履行の全部または一部が不能となったときにも契約を解除することができると規定されている（民法第543条）。これら契約解除について，その条件を緩和し，あるいは強化する場合に，その内容を定める場合がある。

売買基本契約書にはこれらのほか多様な内容が定められる。また，様式としても，双方が記名押印する形式（契約書）のほか，一方の当事者が片務的に義務を負い記名押印して相手方に差し入れる形式（相手方の交渉力が強い場合に用いられることが多い），別途定められた標準的な約款を用い，この約款の内容を遵守するという書面を作成する形式（約款取引）などが用いられる場合がある。

5．電子商取引と電子決済

（1）電子商取引の概要

電子商取引（エレクトロニック・コマース，e-コマースともいう）は，広い意味で解すればコンピュータを介したネットワーク上で行われるすべての商取引であり，狭い意味で解すればインターネット上で行われるすべての商取引をいう[19]。電子商取引は事業者間の取引（Business to Business：BtoB）と事業者対消費者間の取引（Business to Consumer：BtoC）双方で拡大しており，近年ではインターネット上のオークションサイトやフリーマーケットサイトなどを利用した消費者間の取引（Consumer to Consumer：CtoC）も盛んになってきている。

我が国の2018年における電子商取引の市場規模として，BtoBの市場規模は344兆2,300億円，EC化率が30.2％となっており[20]，電子商取引が浸透している様子がわかる。BtoCの市場規模は物販で9兆2,992億円（EC化率が6.2％），うちスマートフォン経由のものが3兆6,552億円となっており，また，フリーマーケットアプリの推定市場規模が6,392億円，ネットオークションの市場規模が1兆133億円と推計されており[21]，BtoCやCtoCの分野においてもスマートフォンなどインターネット環境の整備によりインターネットを介した電子商取引が大幅に増加している様子が見て取れる。

BtoCにおいて消費者が電子商取引を行うメリットとしては[22]，①時間を気にせず買い物が可能であること，②自宅など消費者の任意の場所で購入が可能なこと，③品揃えが豊富であること，④購入前に多くの情報に接触可能であり，かつ，検索が容易であることなどが挙げられ，デメリットとしては，①個人情報やクレジット・カード番号など秘密情報が悪用され，あるいは第三者に漏洩する危険性があること，②取引相手の信用（商品の品質や取引の履行など）に不安が残ることなどが挙げられる。

（2）電子決済の概要

決済とは，商品の売買などにより生じた債権・債務のうち金銭に関するものについて，実際に金銭の支払をして債権・債務を解消することをいう。これら決済には現金（貨幣）の授受や要求払預金（当座預金・普通預金）による授受などが利用される。

我が国の小売業者・消費者間の売買取引では現金による決済が主流であるものの，近年では現金を使用しない決済手段（キャッシュレス決済）が普及してきており[23]，ここでは電子的なデータの送受信によって決済を行う電子決済

表１－３　キャッシュレス決済の例

	プリペイド（前払い）	リアルタイムペイ（即時払い）		ポストペイ（後払い）
主なサービス例	電子マネー（交通系，流通系）	デビットカード（銀行系，国際ブランド系）	モバイルウォレット（QR コード，NFC 等）※プリペイ，ポストペイ可能	クレジットカード（磁気カード，IC カード）
特徴	利用金額を事前にチャージ	リアルタイム取引	リアルタイム取引	後払い，与信機能
加盟店への支払サイクル	月２回など	月２回など	即日，翌日，月２回など様々	月２回など
主な支払い方法	タッチ式（非接触）	スライド式（磁気）読み込み式（IC）	カメラ／スキャナ読込（QR コード，バーコード）タッチ式（非接触）	スライド式（磁気）読み込み式（IC）
【参考】2016 年の民間最終消費支出に占める比率（日本国内）	1.7%	0.3%	—	18.0%

出所：経済産業省商務・サービスグループ消費・流通政策課『キャッシュレス・ビジョン』経済産業省，2018 年，４頁（初出はキャッシュレス検討会第５回資料）。

が一般的である。

キャッシュレス決済の例として，プリペイド（前払い）方式では電子マネーが挙げられ，近年では交通系や流通系など多種多様な電子マネーが普及している。リアルタイムペイ（即時払い）方式として，デビットカードとモバイルウォレットが挙げられ，前者はカードでの支払と同時に，紐づけられた銀行口座の預金残高から商品代金相当額が引き落とされるものであり，後者はQRコード・バーコードを表示して小売店側でスキャンすることなどにより決済を行うものである。ポストペイ（後払い）方式としてクレジット・カードが挙げられる（表1－3）。

●トピックス　キャッシュレス決済の普及推進

我が国は，少子高齢化や人口減少に伴う労働者人口の減少に直面しており，我が国全体の生産性向上が大きな課題となっている。そこで，キャッシュレス決済を普及することにより，小売業者の実店舗の無人化・省力化や支払データの利活用による消費の利便性向上や消費の活性化につながるというメリットが期待されている。

これらのことから政府によりキャッシュレス決済の普及が推進されており，2017年に閣議決定した「未来投資戦略2017」では，2027年までにキャッシュレス決済の比率を4割程度とすることを目指すとしている。また，この方針を受け，経済産業省は2019年10月の消費税率の引上時に「キャッシュレス・消費者還元事業」として，キャッシュレス決済の利用によるポイント還元制度を実施しており，これにより消費者や中小事業者に対するキャッシュレス決済普及を後押ししている。

第5節　物的流通（物流）

1．物的流通の概要

物的流通とはモノを生産から消費へ，時間的・空間的に移動する流れのことであり，空間の懸隔および時間の懸隔を架橋するものである。流通機能からみ

図１－２　物流の種類

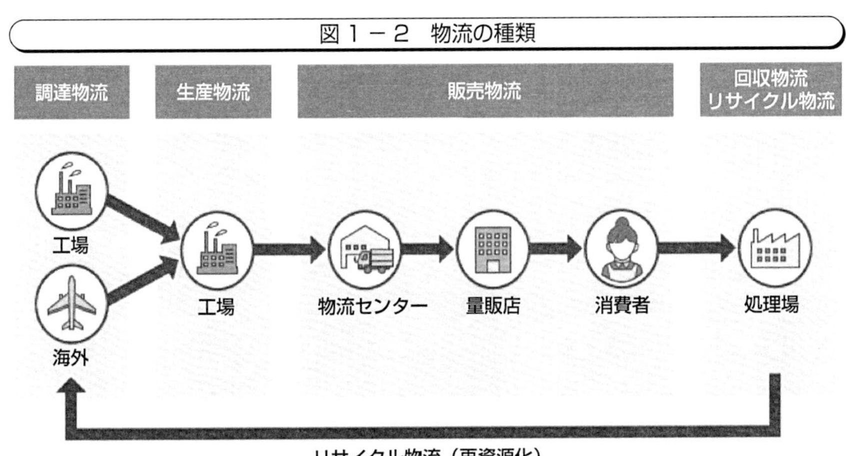

出所：キーエンス「物流の領域」,
https://www.keyence.co.jp/ss/products/autoid/logistics/role/field.jsp
(2019年10月21日閲覧)。

れば物流機能（輸送機能および保管機能）が物流を担っている。物流を担い手からみると，流通業者が直接的に担うほか[24)]，外部の物流業者・保管業者に業務委託（アウトソーシング）される事例も多い[25)]。

物流の種類は調達物流，生産物流，販売物流，回収物流（リサイクル物流を含む）に分類でき（図１－２)，その活動（物流活動）は輸送，保管，包装，荷役，流通加工から構成され，これらを円滑に行うためには情報の管理，統制，調整が必要となる[26)]。また，物流は有形の財そのものを扱うため，機械・設備の投入やそれらの自動化が進められ，効率性が追求されている分野である[27)]。

●トピックス　適正な在庫量

今日，物流において在庫量の削減が目指されており，この理由としては，在庫が事業者の手持ち資金を投資して購入されるため，在庫が過剰になると手持ち資金が減少して資金繰りに悪影響を与えるためである。また，在庫が多すぎると破損，陳腐化するなど商品価値が下落し，あるいは売残りが増加するという危険も増大する。しかし，在庫を抑制しすぎると商品の欠品が増加し，需要者の需要に応えられず収益を上げる機会を失うというデメリットが生じる。このため，製造業者・流通業者共に在庫の量を多すぎず，少なすぎず適正量を持つということを目指している。

2．物的流通の種類[28]

（1）調達物流

調達物流とは，事業活動に必要な物品などを川上の供給者（サプライヤー）から調達するための物流である。生産者からみれば生産に必要な原材料や部品を調達する物流が，流通業者からみれば川下の流通業者・消費者に販売（再販売という）するための商品を調達（仕入）する物流がそれぞれ該当する。調達物流では，近年では在庫量を削減するために過不足のないように在庫を調達することを多くの事業者が目指しており，著名なものとしてトヨタ自動車が採用するかんばん方式が挙げられる。

●トピックス　トヨタ自動車のかんばん方式

トヨタ自動車では，品質の良い車をより速くより安く消費者に届けるため，無駄を徹底的に省いた効率的な生産方式として「トヨタ生産方式」を採用している[29]。この１つとして必要なものを必要な時に必要なだけ作って運ぶという仕組みを採用し，これを実行する道具として，いつ，どこで，何が，どれだけ使われたかが書かれている「かんばん」を利用している（かんばん方式）。このかんばんは部品箱１つ１つに着いていて，部品を使うと「かんばん」を外して部品工場に届け，部品工場ではその時渡した数の部品を追加製造することにより，部品工場の作り過ぎの無駄をなくすという仕組みである。現在では，電子化されたかんばんデータを部品の製造業者に送る方法により部品を追加調達している。

（２）生産物流

生産物流とは，調達物流で調達した物品などを事業者内で移動・保管するための物流である。生産者だけでなく流通業者も含む場合は社内物流とした方が理解しやすい。生産者からみれば生産に必要な原材料や部品を工場・倉庫内やこれらの間で移動したり保管したりする物流が，流通業者からみれば調達物流で調達した商品を自社の倉庫・物流センター・店舗内やこれらの間で移動したり保管したりする物流がそれぞれ該当する。近年では調達物流や後述する販売物流との連携を円滑にすることで納期を短縮したり，在庫量を削減したりすることを多くの事業者が目指している。

（３）販売物流

販売物流とは，販売用の製品・商品を川下の需要者（流通業者・消費者など）に供給するための物流である。生産者からみれば生産した製品を工場から流通業者の倉庫・物流センターなどに供給し，卸売業者からみれば商品を自社の倉庫・物流センターから小売業者の倉庫・物流センターや店舗などに供給し，小売業者からみれば商品を店舗から消費者の自宅などに供給するための物流がそれぞれ該当する。近年では需要者に製品・商品を迅速に供給することにより需要者の満足を得ることが課題となっており[30]，また，小売業者に対する販売物流では，多頻度小口物流が増えている。

●トピックス　コンビニエンス・ストアにおける多頻度小口物流（配送）

多頻度小口物流（配送）を利用している代表例としてコンビニエンス・ストアが挙げられる。コンビニエンス・ストアは，日配品（冷蔵が必要で日持ちがしないチルド商品）の取扱いが多く，しかも24時間営業であるため，欠品を防止するには工場で生産した日配品を１日に数回店舗まで配送する必要がある。また，日持ちのする商品であってもストックが狭いため店舗に在庫を置けず，物流センターから小まめに配送する必要がある。これらのことから，コンビニエンス・ストアの品揃えの豊富さや便利さの裏には，製造業者・卸売業者との間（コンビニエンス・ストアからみた調達物量）やコンビニエンス・ストアの社内（コンビニエンス・ストア内の生産物量）で多頻度小口配送を実現する物流網の構築が必要不可欠となっている。

（4）回収物流

回収物流（リサイクル物流を含む）とは，川上の供給者が川下の需要者から返品された商品や包装資材，廃棄物，リサイクル品（空き缶・瓶・ペットボトルなどの容器，家電製品，インクジェットカートリッジなど）を消費者などから回収する物流である。近年では環境問題への意識の高まりからリサイクル活動が盛んになっており，政府も法規制により家電製品，容器・包装，食品などでリサイクルを推進している[31]。

3．物流活動[32]

次に，モノが生産者から流通業者を経由して消費者まで流れるという流通経路に則して物流活動を説明する。

（1）輸　送

輸送とは輸送機関によって貨物をある地点から他の地点へ移動させることであり[33]，これにより空間の懸隔が架橋されることになる。輸送手段としては鉄道・自動車（道路）を利用する陸上輸送，船舶（水運）を利用する水上輸送，航空機を利用する航空輸送に分けられる。それぞれの輸送手段は輸送量，輸送費用，輸送時間に差異があるため，費用と効果を勘案して最適な輸送手段が選択されることになる。輸送と類似する言葉として配送があるが，輸送はどちらかといえばモノを長距離・大量に運ぶ場合に用い，配送はモノを近距離・少量で運ぶ場合に用いる。

近年は経済の国際化と生産の国際分業が進展し，世界各国で生産された商品などが我が国に輸入され，消費者により消費されるなど，空間の懸隔がますます拡大しており，輸送の役割が重要となっている。2017年における我が国の

図1－3　輸送の種類（2017年）

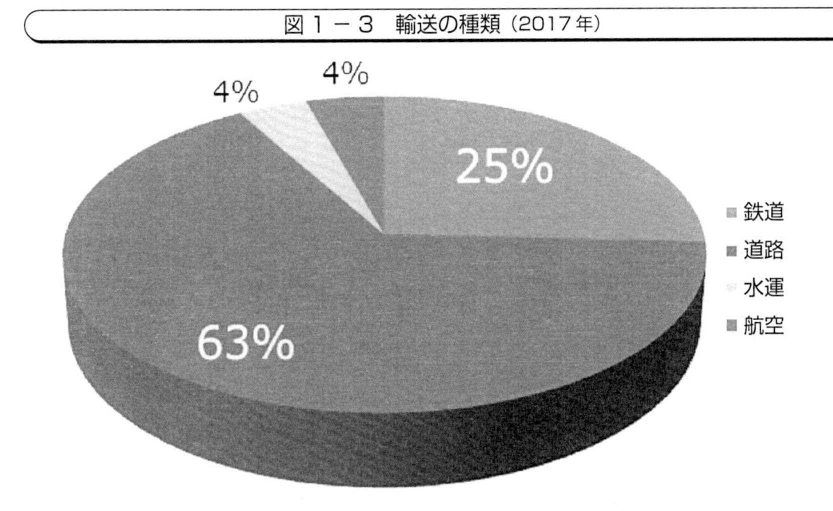

出所：経済産業省「道路，鉄道，航空，水運など運送手段のボリュームの変遷；2008年と2017年の比較」，https://www.metigo.jp/statistics/toppage/reprt/minkaisetsu/hitokoto/20180109hitokoto.html（2019年10月19日閲覧）を筆者修正。

輸送手段別の構成比をみると，自動車（道路）が最も多く63%となっており，次いで鉄道25%，水運・航空がそれぞれ4%ずつとなっており，陸上輸送が合計で88%と我々の生活を支える輸送の中心になっていることがわかる（図1－3）。

（2）保　管

保管とはモノを一定の場所において，品質，数量の保持など適正な管理の下で，ある期間蔵置することであり[34]，これにより時間の懸隔が架橋されることになる。多くのモノの生産では消費者の需要を予測して事前に生産することが行われており，この場合には生産者，卸売業者，小売業者のいずれかあるいはすべての段階でモノを在庫として保管し，消費者が必要とする時期に供給されている。また，保管の役割として，生産者や流通業者が需給の状況をみながら価格調整のためにモノを保管する（価格が高いときに出荷し，価格が低いときには保管するなど）場合もある。

モノの保管場所は倉庫と呼ばれ，倉庫はさらに貯蔵倉庫と流通倉庫に分けられる。貯蔵倉庫は一定期間モノの保管を行うことを目的とした倉庫であり，温度・湿度が管理され，あるいは冷蔵・冷凍が可能であるなど保管するモノの保管条件を満たすための設備を有する。

流通倉庫は，調達されてきたモノを荷卸しして検品，包装，流通加工などを行った上で（一時的に保管することも多い），ピッキング（出荷する商品を保管場所から取り出す作業）・仕分けを行い各店舗や消費者などに宛て，目的地別に出荷する倉庫であり，物流センターはこれに含まれる。

（3）包　装

包装とは，モノの輸送，保管，取引，使用などに当たり，その価値および状態を維持するために，適切な材料，容器などにモノを収納することをいい，包装は，個装，内装および外装の３種類に大別することができる[35)]。個装とはモノを個々に包装すること，内装とは内容物を外部の衝撃などから守るために内側に包装すること，外装とは輸送しやすいように最も外側に段ボール等で包装することである。

（4）荷　役

荷役（にやく）とは，物流過程におけるモノの積卸し（輸送機器などに対してモノを積込み・取卸しをする作業），運搬（モノを比較的短い距離に移動させる作業），積付け（モノを規則正しく積み上げる一連の作業），ピッキング（保管場所から必要なモノを取り出す作業），仕分け（モノを品種別，送り先方面別，顧客別などに分ける作業），荷ぞろえ（出荷するモノを輸送機器にすぐ積み込めるようにそろえる作業）などの作業およびこれらに付随する作業をいう[36)]。

（5）流通加工

流通加工とは，流通過程の倉庫，物流センター，店舗などで商品に加工することをいう[37]。

（6）情報管理

物流の情報管理は，物流を対象とした物流情報システムにより行われ，これには，物流の各機能を効率化，高度化するための機能分野，受発注から配送，保管から在庫，さらに調達および回収の業務分野，これらに関連した計画・実施・評価の経営過程の分野，さらに，運輸業，倉庫業などの物流事業者と荷主との関連を含めた分野がある[38]。

4．物流センターの種類と現状

物流活動を生産と消費との間で集約的に行っている場所として，物流センターが挙げられる。物流センターの具体的な形態としては，荷物の保管を行わない通過型のトランスファーセンター（TC），在庫の保管・管理を行うディストリビューションセンター（DC），高度な流通加工を行うプロセスディストリビューションセンター（PDC），通信販売業などで消費者から受注を受けて迅速に発送することまで行うフルフィルメントセンター（FC）などに分類することができる。そしてこのような物流センターで実行される物流活動の範囲は，物流センターの運営主体（荷主など）が求める流通サービス水準と支出する物流費用のバランスに基づき選択され（表1－4），求める流通サービス水準が高ければ物流費用も高くなり，求める流通サービス水準が低ければ物流費用も低くなる。

物流センターで行われる物流活動（業務）の流れを細かくみると図1－4のとおりとなり，代表的な物流センターであるTCとDCを比較すると，商品の検品や物流加工，仕分けなどが行われる点は共通しているものの，商品の在庫としての保管・管理とこれに付随して商品の棚への格納や出荷時のピッキングが行われるか否かが相違点となる。

近年，流通の各段階における商品の売買取引で物流センターを利用した物流を行うことが多くなっている。2014年に公正取引委員会が公表した物流に関する実態調査では[39]，食品・日用品の取引において，物流センターを運営し

表１－４　物流センターの種類

種類	内容	流通サービス水準	物流費用
TC（トランスファーセンター）	荷物の格納・保管などは基本的に行わず，入荷した荷物はすぐに仕分け作業を行い，次の納入先へ出荷する。比較的小規模な機器・設備で運用が可能。	低い	低い
DC（ディストリビューションセンター）	TC に比べ在庫を保管・管理し，店舗別・方面別に仕分けをして次の納品先へ出荷する。出荷業務や受注内容に合わせたピッキング，検品や梱包などの物流加工も行われ，大がかりな設備が必要となる。	普通	普通
PDC（プロセスディストリビューションセンター）	DC の流通加工機能を強化した物流センターであり，鮮魚や精肉の加工，部品の組立・設置といった専門機器・設備が必要な高度な流通加工まで行う。	高い	高い
FC（フルフィルメントセンター）	通信販売業における商品の仕入れやエンドユーザーから受注，梱包，発送，在庫管理，顧客データの管理，返品対応，クレーム対応，決算処理まで行う。	高い	高い

出所：キーエンス「物流センターの種類」，
https://www.keyence.co.jp/ss/products/autoid/logistics/role/type.jsp
（2019 年 10 月 21 日閲覧）に基づき筆者作成。

ている小売業者が全体の 95.4％で，小売業者の物流センターを利用している取引の割合は，卸売業者・小売業者間の取引では全体の 60.2％であり，製造業者・小売業者間の取引では 72.3％という結果であった。また，卸売業者の物流センターを利用している取引の割合は，製造業者・卸売業者間の取引では 77.9％という結果であった。

●トピックス　通信販売の配送期間と配送料金の関係

消費者が知覚する流通サービス水準と物流費用はしばしばトレードオフの関係にある[40]。我々の身近な例を挙げれば，インターネットを利用した通信販売でモノを購入する場合，通信販売業者が FC を設置して効率的かつ短時間に注文を処理・出荷することが多く，また，通信販売業者と提携する宅配業者が短期間で商品を届けるように物流情報の処理や物流網などの体制を整えていることも多い。このため，注文から短期間

図１－４　物流センターの業務の流れ

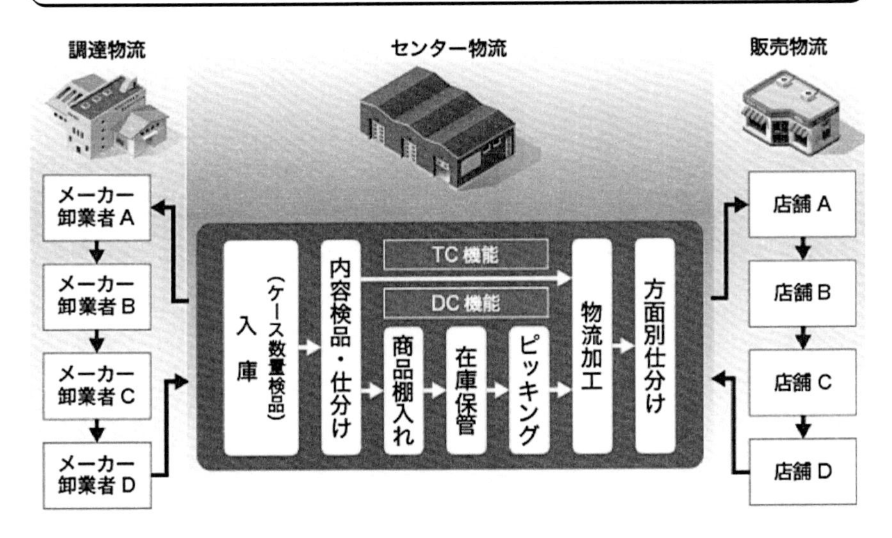

出所：丸和運輸機関「常温物流」，
https://www.momotaro.co.jp/az-com/room_temperature.html
（2019年10月21日閲覧）。

で我々の手元に商品が届くことに驚かされるものの，我々がより短期間での配送を希望する場合には，その分，物流費用が掛かるため配送料金も高くならざるを得ない点に注意が必要である。

４．物的流通の近年の動き

前項までで概観してきた物流の基本的な種類のほか，物流における効率性の追求や流通過程における在庫量の削減を目指したマネジメントが推進されるなど新たな動きが生じている。これらの動きを以下において概観する。

（1）ロジスティクスの概要

ロジスティクスとは[41]，物流の諸機能を高度化し，調達，生産，販売，回収などの物流を統合して，需要と供給との適正化を図るとともに顧客満足を向上させ，併せて環境保全，安全対策などをはじめとした社会的課題への対応を目指す戦略的な経営管理と定義されている[42]。つまり，従来行われていた物流活動のみをコントロールする物流管理に止まらず事業者全体の戦略を意識した経営管理として行われるものである。

ロジスティクスの考え方はアメリカで誕生し，我が国では1990年代に入ってから物流の先進的な事業者に浸透し始めたとされる[43]。物流管理とロジスティクスの違いをみると[44]，物流管理はプロダクト・アウト（存在する商品を市場に送り出す）という発想から行われており，物流を独立の機能と考え，その中で物流の効率化を求め，与えられた生産や販売からの条件における処理能力を重視するという，輸送を中心とした考え方である。これに対しロジスティクスはマーケット・イン（市場のニーズに基づいて商品を市場に向けて送り出す）という発想から行われており，最終市場への最適な適合を最大目標とし，数値化された在庫，時間，サービス，効率，費用などを基準として調達や販売まで含めて総合的な商品の流れの過程を管理するという，物流過程における在庫の配分を中心とした考え方である。

（2）サードパーティ・ロジスティクスの概要

以前から生産者や流通業者が運送・保管を専門業者に外部委託することが行われてきたものの，近年では物流センターの運営自体を外部委託することが行われるようになっている。そしてその１つの形態がサードパーティ・ロジスティクス（3PL）である。3PLとは，専門業者が荷主の事業者のロジスティクスを代行するサービスであり，物流センターの運営ノウハウを基に，情報システム・業務改革の提案を中心に長期的な管理目標を定め，達成した改善利益の配分を荷主から受けることを事業としており，ここには物流業者が荷主のニーズに広範に対応して物流業務を一括受注するケースも含まれている[45]。

荷主の事業者が3PLを導入する最大の目的は，物流業務を専門業者に任せることにより，自社の経済資源を核となる業務に集中させることである。また，専門業者の方が規模の経済性やノウハウの蓄積などを有しており，より効率的かつ低コストで物流業務を実行できるため，荷主にとって費用削減につなげることも可能となる。

前出の公正取引委員会の調査によると[46]，食品・日用品の小売業者の物流センターのうち，3PLに限らないものの物流業者または卸売業者等に運営委託しているものが87.4％であり，運営委託する理由としては運営効率を上げることができるため，物流センターを運営するノウハウを持っていないためといった理由が多い。この調査から物流の各業務がより高度化・専門化する中でノウハウがある専門業者にこれらを外部委託している様子が見て取れる。

（３）サプライ・チェーン・マネジメントの概要

近年ではロジスティクスをさらに進めたものとしてサプライ・チェーン・マネジメント（SCM）が導入されている。SCMとは，商品供給に関するすべての事業者間の連鎖を統合管理し，その全体最適化を図ることであり，原材料調達から生産，販売までを一貫したシステムとして捉え，消費者の購買情報を関係者が共有し，在庫の削減，リードタイムの短縮[47]，適時・適量の商品供給等の実現を目指すものである[48]。

物流管理・ロジスティクスは自社内の物流が対象であるのに対し，SCMは，自社に限らず生産から流通までの各事業者の活動を結び付けて，これらの活動を統合的に管理するという点が特徴である。

最近の消費財の流通で例示すれば，小売業者が店舗で販売した商品の情報をオンラインで製造業者や卸売業者に伝達し，この情報に基づいて製造業者が生産量や出荷量を調整し，卸売業者も在庫量・出荷量を調整することにより，サプライ・チェーン全体で無駄な生産活動や在庫，費用を削減することにつなげている。

第６節　情報流通（情報流）

1．情報流通とは

情報流通（情報流）とは，商品としての財・サービスについて，生産者から消費者に対する生産者の事情に関する情報や，消費者から生産者に対する消費者の事情に関する情報の流れのことであり，情報の懸隔を架橋するものである。流通機能からみれば情報伝達機能が情報流通を担っている。そして，生産と消費との懸隔が適切に架橋されるためには，情報伝達機能がその他の流通機能と密接に連携して行われることが必要である[49)]。流通機構の各段階の間で伝達・交換され，蓄積され，あるいは収集・分析されることにより流通の働きを支援する役割を果たす情報を流通情報と呼んでおり[50)]，流通情報には生産・消費双方向に伝達・交換されるものと一方向にのみ伝達されるものがある。また，その種類には，取引情報（所有権の移転に関する情報），物流情報，販売促進情報，市場情報などがある[51)]。

以下において流通情報の種類を概観する。

2．取引情報

取引情報は，商流に関する情報であり，具体的には所有権移転および資金流に関する情報である。取引情報をさらに区分すれば，交渉情報，受発注情報，所有権移転情報および決済情報に分けられる。

（1）交渉情報

交渉情報とは，商品の売買取引において，売主・買主双方が相手を探索し，取引条件を交渉し，双方の合意により売買契約を成立させるための情報をいう。

多くの商品分野における市場には，売買取引の相手方となる売主と買主が多数存在するため，自らの商品を販売し，あるいは商品を購入する相手方を市場から探し出し，この相手方と商品の価格，品質，付帯サービスなどの取引条件に関する情報をお互い提示して交渉し，双方で取引の意思が合致した場合に売買契約が成立し取引が実行される。しかし，この過程で伝達される交渉情報が限定的である場合もあり，例えば買主と売主の間に継続的な売買取引が行われている場合には市場で新たな取引相手を探索するための情報は必要なく，正札販売が行われている場合には価格に関する交渉情報は必要とされない。

（２）受発注情報

受発注情報とは，商品の受注・発注に関する情報をいい，買主が売主に商品の購入意思を申し込む発注情報と，売主がそれを承諾する受注情報から構成される。卸売業者・小売業者間の継続的な売買取引における実例として，小売業者が注文書を卸売業者に手渡し，郵送，FAX，e-メールなどにより交付して発注情報を伝達する。これを受領した卸売業者は在庫の有無を確認して注文を承諾する場合には，注文請書を小売業者に交付して受注情報を伝達する。近年ではこれらの受発注情報の交換は，書面による情報のやり取りから電磁的な記録のやり取りに変化しつつある。

（３）所有権移転情報

所有権移転情報とは，売買契約に基づいて商品の所有権が売主から買主に移転したことを確認するための情報をいう。

売主・買主の間では所有権が移転する時期を売買契約書に記載することが多く（第４節を参照），ここでは契約書に規定された所有権の移転時期に当事者間でやり取りされる情報が所有権移転情報となる。例えば，売買契約書に所有権の移転時期について，商品が買主に引き渡され検品に合格した時点と規定されている場合，買主から売主に発信される検品の合格を確認する書面が所有権移転情報となる。

●トピックス　所有権の登記

第三者からみた場合，あるモノを現在，誰が所有しているのか明確にはわからないのが一般的である。土地・建物などの不動産や一定の船舶などでは登記（所有権などの権利関係を社会に公示するための制度）という方法により所有者を公的に確認する方法があるものの，商品などの一般的な動産にはこのような方法がなく，民法上，動産が引き渡されて占有していることをもって所有権を有しているとみなされる。

（4）決済情報

商品の所有権移転の対価として支払われる金銭の決済に関する情報をいう。例えば，買主が締切制度を利用している場合には，①売主から買主に対する代金請求に関する情報（代金の請求書など），②買主が金融機関に売主への出金を指示する情報（振込依頼書など）と金融機関が売主に入金があったことを伝達する情報，③買主から売主に代金の支払を通知する情報（支払確認書など）が挙げられる。

3．物流情報・販売促進情報

（1）物流情報

物流情報とは，物流活動である輸送や保管などに関する情報をいう。輸送に関する情報（輸送情報）では，買主からの発注に基づき売主が出荷指示を行うことや売主が買主に対し出荷情報を伝達すること，買主が売主に対し受領情報を伝達することが行われる。保管に関する情報（保管情報）は在庫情報に代表され，売主の社内の倉庫や店頭にある商品在庫の在高や商品の入荷情報が挙げられ，これらの情報に基づき買主からの発注に対する在庫の引当（在庫の一部を受注済と認識すること）が行われる。

（2）販売促進情報

販売促進情報とは，売主から買主に対し商品の販売を促進するための販売促進活動により伝達される情報をいう[52)]。販売促進活動は，人的販売，広告，パブリシティ，狭義の販売促進に分類することができる。

人的販売とは，販売員（店舗外のセールスマンや店舗の販売員など）によって人を介して行われる販売方法であり，ここでは販売員から口頭などにより販売促進情報の伝達が行われる。

広告とは，広告主（売主）によって非人的媒体を介して行われる商品などの販売促進情報の伝達方法であり，広告主が媒体の運営者に対し広告伝達に対する対価を支払う有償のものである。代表的な媒体としては，テレビ，ラジオ，新聞，雑誌などのマス媒体，公共交通機関の車内・駅構内や屋外の広告物などが挙げられ，さらに，文書やパンフレットなどを消費者に直接郵送するダイレクト・メールや新聞の折込広告などの手法も用いられている。近年ではインターネットやe-メール送信などを利用した広告が増加している。

パブリシティとは，テレビ，新聞など報道を行うマスメディア（マスコミュニケーションを行う媒体）がニュースとしての報道価値がある商品などに関する情報を無償で報道するものである。マスメディアに対し報道に取り上げてもらう働きかけをするため，記者会見などマスメディアに向けたプレスリリース（情報の提供）が行われる。ただし，報道として取り上げるか否かはマスメディアが判断するために，消費者への情報伝達の確実性には欠けている。

狭義の販売促進とは，人的販売，広告，パブリシティ以外の販売促進手段をいい，例えば，サンプル・試供品の街頭での配布，実演販売などにより商品そのものを利用して販売促進情報が提供される。また，商品の購入に付随した景品企画の実施や商品の購入に応じたコンテストの実施，ポイントカードの配布などにより買主の購買意欲を高め，情報を受け入れる態勢を作る工夫も行われている[53]。近年では，インターネット・スマートフォンのアプリなどを利用した商品の割引券の配布やポイントの付与なども行われている。

4．市場情報

市場情報とは，商品の最終市場，つまり消費者が商品を購入する市場に関する情報をいい，需要が発生する地域や対象となる商品の品目，品質，数量，時期などに関する需要情報と，商品のブランド間競争を中心とする競争情報に大別される[54)]。

売主が市場情報を把握する方法のうち，商品の販売に付随して収集する主な方法として，POS システム（Point of sales，販売時点情報管理システム）の利用が挙げられる。POS システムは，小売店頭で消費者が購入した商品の売上情報を単品レベルで把握することが可能となり，かつ，これらの情報がホストコンピュータに蓄積され，情報分析が容易となっているため，現在では，コンビニエンス・ストアや衣料品の専門量販店など多くの小売業で商品の売れ筋・死に筋を把握し，品揃えの精度を向上することに活用されている。

また，商品の販売に付随しないで市場情報を収集する方法として市場調査の利用が挙げられ，これには第三者が実施・作成した市場調査の資料を入手する方法や，自社あるいは自社が外部委託した専門業者により市場調査を実施する方法が挙げられる。

市場調査の種類としては全数調査（調査対象全部を対象とする。悉皆（しっかい）調査ともいう）と標本調査（調査対象の一部を調査する。サンプル調査ともいう）が挙げられ，調査方法には質問法（質問票に基づき，調査対象（被験者）に対する質問を行い，回答を得る方法），観察法（調査員が調査対象の行動観察を行い，必要な情報を入手する方法），実験法（調査対象に実験を行い，この反応を観察することによって情報を記録する方法）が挙げられる[55)]。

第７節　流通補助機能

１．危険負担機能

流通フローを円滑にするためには，流通機能である所有権移転機能，物流機能および情報伝達機能を円滑に作用させる補助的・助成的な機能（流通補助機能）が必要となる。流通補助機能には危険負担機能と金融機能が挙げられる。

まず，危険負担機能についてみると，第２節で説明したとおりモノの所有権を持つことにより所有者は危険（リスク），つまり損失が発生する可能性を背負うことになる。

流通上，商品に生じる危険としては，所有権を得た商品が流行の変化などにより陳腐化したり，市場価格が変動したりすることにより商品価値が下落し，あるいは販売量が予測を下回って売れ残りが発生するなど，購入後に経済条件が思わしくない方向に変動することに伴い生じる危険が挙げられる。これらの危険は経済条件が望ましい方向に変動すれば利益を生み出す可能性もあることから，投機的危険（ビジネス・リスク）とも呼ばれる。事業者はモノを販売して利益を生み出すために，投資を行ってモノを製造し，あるいは仕入れるのであり，商品に生じるこれらの危険は事業者の経営上避けられない危険となる。

また，事業者が所有権を得た商品が火災，風水害，地震，事故等により滅失・毀損等をすることにより損失が生じることがある。この種の危険は事業者に損失しかもたらさないものであり，純粋危険と呼ばれる。

一般に事業者が危険に対処するには，危険を低減する，回避する，他者に移転するといった手法が用いられ，あるいはそのまま危険を保有するという選択もある。例えば小売業者が商品に発生する売れ残りの危険に対処する方法でいえば，低減方法として販売量の予測精度を向上して売れ残り量を減らす努力をする，回避方法として売れ残りが発生しやすい商品の取扱いを止める，他者への移転方法として返品が可能な仕入形態（返品特約付買取仕入，委託仕入および売上仕入）を利用して卸売業者に危険を移転するという方法が挙げられる。

危険への制度的な対応方法としては，商品取引所における先物取引（第４節２(2) を参照。先物取引は投機にも利用される）と保険制度が挙げられる。

商品先物取引は，市場価格の変動による危険を回避するための手段であり，将来的な相場の変動による価格変動の影響を受けないように，将来の一定の期日に商品を受け渡すことを約束して，その価格を現時点で決めて行われる売買取引である。

保険制度は，保険会社などが契約者から危険の発生確率に基づいて計算した保険料を集め，危険が顕在化した（損失が発生した）契約者に保険金を支払うことにより損失を補填するものである。商品の流通に関係する保険としては，商品の滅失・毀損等に対応する海上保険（海上で生じた事故等による損失に対応）・火災保険（火災，自然災害，事故等による損失に対応）や，生産した製品の欠陥により第三者に与えた損害に対応する生産物責任保険などが挙げられる。

2．金融機能[56)]

① 金融機関などによる金融

金融とは資金の融通であり，流通に伴う金融を流通金融という。一般的な金融は，金融機関などにより流通に限らず生産や消費に対しても時に区別されずに行われており，事業者に対する金融は，事業者の経常的な購買，製造，販売活動などを円滑に行うために比較的短期間で行われる運転資金の貸付と，事業者が土地・建物や機械・設備などを所有するために比較的長期間で行われる設備資金の貸付に分けられる。

運転資金の貸付方法には，金融機関との間の証書貸付（短期間の金銭消費貸借契約の締結）や当座貸越契約の締結（当座貸越）といった契約に基づく資金調達，および手形貸付（約束手形の差入）や手形割引（商業手形の割引）といった手形を利用した金融機関からの資金調達が挙げられる[57)]。手形貸付とは，約束手形（図1－5）を銀行に差し入れて，満期までの利息を手形金額から差し引いた金額を貸し付けるものであり，証書貸付より手続きが簡便であるため運転資金の貸付によく利用されている。商業手形の割引とは，約束手形は自由に譲渡することができるという性質を利用して，受取人が手形の期日を待たず商業手形を現金化したい場合に商業手形を取引銀行に譲渡して，満期までの利息を手形金額から差し引いた金額の支払を受けるものである。

設備資金の貸付方法には，金融機関からの証書貸付（長期間の金銭消費貸借契約の締結）が挙げられる。

② 事業者間の流通金融

流通金融は，流通業者がモノの購入者である消費者からモノの販売者である生産者まで代金の決済（資金流）を仲介する際に実行する金融である。

事業者間の流通金融の代表例としては，商品代金の後払い（掛売）が挙げら

図1－5　約束手形の例

No.1　約束手形　No.H1234

大蔵商会　殿

収入印紙

金額　¥ 3,240,000 *

支払期日	令和　年　月　日
支払地	東京都千代田区
支払場所	株式会社　大手町銀行 神田支店

令和 X 年 4 月 30 日
振出地
住　所　千代田区丸の内 1-1
振出人　霞ヶ関商事
霞関　一郎

出所：国税庁「消費税及び地方消費税と手形金額」, https://www.nta.go.jp/law/shitsugi/inshi/23/02.htm（2019年10月8日閲覧）。

れる。これには継続的な売買取引関係にある事業者間でしばしば行われている代金支払の締切制度が代表例として挙げられ（第4節4（3）を参照），この制度を利用すると買主は現金が手元になくても商品を後払いで購入することができるため，商品の流通を促進する機能を有している。さらに，小売業者が商品を掛売で仕入れ，この商品を店舗で販売して現金で回収する時点より卸売業者に対し商品の仕入代金を支払う時点の方が後倒しになることにより，小売業者に一時的に余裕資金が生じることがあり，この余裕資金のことを回転差資金と呼んでいる。

また，売主に対する代金の支払に買主が商業手形を振り出すことも後払いの手法の1つである。

●トピックス　高度成長期における総合スーパーによる回転差資金の活用

回転差資金を活用した小売業の事例として，高度成長期におけるダイエーをはじめとする総合スーパーが挙げられる。当時の総合スーパーは順調に売上高が増加する中，卸売業者との売買取引での後払いで得た回転差資金をチェーンストア展開のための設備資金に振り向けて店舗を新規出店することにより成長する機会を得ることとなった[58)]。しかし，回転差資金はあくまでも短期的な資金であり，これを利用して長期的な資金であり回収に時間がかかる設備資金を賄うことは，売上高の増加が止まり，あるいは減少する際に資金繰りに困難が生じる可能性があることに注意が必要である。

③ 消費者に対する流通金融

消費者が商品を購入する際に発揮される流通金融の例として，分割払い（割賦販売），信用販売会社による立替払い（ショッピング・クレジット），クレジット・カードによる支払が挙げられる。これらの金融は，小売業者が消費者に直接行う場合もあるものの，多くは信用販売会社など専門的な金融業者を利用する方法となっている。

分割払いは，小売業者が販売した商品の代金を消費者が月単位（月賦），半年単位（半年賦），年単位（年賦）などに分割して支払う方法であり，自動車や家電製品など高額な耐久消費財を購入する場合などに用いられる。

信用販売会社による立替払いは，小売業者と消費者との間で商品等の売買契約が締結され，消費者が代金の立替えを信用販売会社に依頼し，立替払いの後に消費者が信用販売会社に対し代金を支払うという3者間契約であり，この支払は分割払いで行われることが一般的である。

クレジット・カードは，小売業者（グループ会社の信用販売会社が発行する場合も多い），銀行，信用販売会社などが母体となって発行されており，国際的に利用することができる国際ブランド（著名なものとして，VISA，Mastercard などがある）と提携しているものも多い。小売業者自身が発行していない一般的なクレジット・カードによる支払の流れをみると[59)]，利用者の信用力（返済能力）に基づいて（信用調査が行われる），カード会社が利用者に信用を付与する（与信）契約が締結され，利用者はこの契約に基づいて発行されたクレジット・カードを利

図１－６　クレジット・カードの仕組み

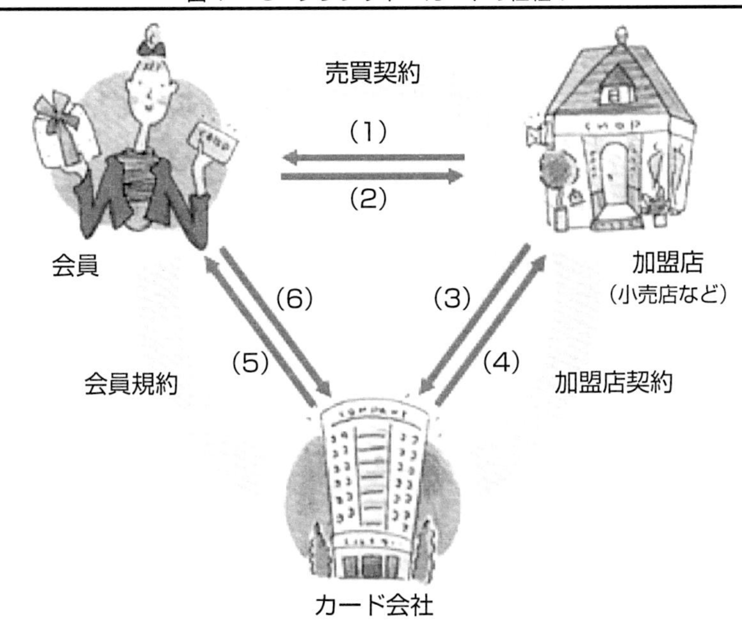

1. 商品・サービスの提供
2. カードの提示・端末機へ暗証番号を入力（一部売上票にサイン）
3. 売上データ伝送（もしくは売上票送付）
4. 売上代金支払
5. 利用代金明細書送付
6. 利用代金支払

出所：日本クレジットカード協会「クレジットカードの基礎知識」, https://www.jcca-office.gr.jp/consumer/basic.html（2019年10月21日閲覧）を筆者修正。

用して加盟店で商品等を購入し，カード会社がその代金を立替払いし，立替払いの後，利用者がカード会社に代金を支払うという流れになる（図1－6)。支払方法としては一括払い，回数を指定した分割払い，月々の支払額を設定して支払うリボルビング払いがある。

信用販売会社による立替払いは商品購入のつど与信が行われるのに対し，クレジット・カードではカード会社が商品の購入前に与信を行い，与信に応じて利用限度額を設定したクレジット・カードの発行を行うという点が相違している。

2018年の信用販売会社による立替払い（ショッピング・クレジット）の信用供与額（取扱高）は9兆6,960億円に上っており，クレジット・カードは2018年3月末で2億7,827万枚発行されており，2018年の信用供与額（取扱高）は66兆6,877億円に上っている[60]。

●トピックス　卸売業者による危険負担機能と金融機能の発揮例：仕入形態の利用

小売業者が卸売業者から商品の仕入を行う場合，売買契約を用いる一般的な仕入形態を買取仕入と称している。しかし，百貨店は，買取仕入を行う際に，売れ残った商品を卸売業者に返品することを特約する返品特約付買取仕入を多用している。

また，百貨店では，返品特約付買取仕入のほか，委託仕入（商品の販売委託契約に基づき行われる仕入形態）および売上仕入という仕入形態も利用されており，両仕入形態は百貨店が卸売業者から預かった商品を顧客に対して販売すると捉えられるため，卸売業者が百貨店の店舗に商品を搬入した時点で商品の所有権が百貨店に移転せず，顧客に対する商品販売が実現した時点で卸売業者から百貨店を経て顧客に対し同時に移転し，この時に百貨店に仕入が発生し，商品代金を卸売業者に支払う義務が生じることになる[61]。これらの仕入形態を利用することにより，百貨店は商品の売れ残りの危険を一切負担せず，かつ，委託仕入・売上仕入に至っては仕入資金も一切負担することがない。

このように百貨店が危険・仕入資金を負担しない仕入形態を利用することは，百貨店にとって豊富な品揃えを実現することができるだけでなく，卸売業者にとっても自らのマージン率（取り分）が向上し収益の増加につなげられること，百貨店が危険をおそれず，かつ，仕入資金を気にすることなく商品の仕入を積極的に行うため，卸売業者の取扱商品（特に新製品）を百貨店の店頭に取り揃えてもらえること，自社商品が百貨店の店頭に取り揃えられることにより百貨店の販売力・信用力が利用できること，危険・仕入資金の負担を受け入れた見返りに商品の価格決定や供給量を主体的に決定することができることなどが挙げられ，ここに百貨店の経営資源を利用することにより百貨店・納入業者とも収益を向上することができるという相互依存関係が形成されていると評価することができる。

しかし，百貨店が納入業者に対する依存度を高めて商品を仕入れる能力が低下していることや，百貨店のマージン率（取り分）の低下を招くことから百貨店の経営不振につながっていることなどデメリットが指摘されており，納入業者にとっても百貨店から危険・仕入資金の負担を強いられる場合もあるなどのデメリットが指摘されている。

第８節　流通業の存立根拠[62)]

１．流通業の存立根拠

今まで流通機能について概観してきたが，この機能を流通業者が担わずとも，生産者・消費者のどちらかあるいは双方が担うことでも生産と消費との間の懸隔は架橋される。しかし，生産者と消費者との間に流通業者が介在し，これらが流通機能を発揮して懸隔を架橋することで流通機構全体の流通費用（流通活動の遂行にかかる費用）が節約され，より効率的に流通機能が発揮されるとする流通の存立根拠を説明する理論が提唱されている。この理論には，マーガレット・ホールの提唱した取引総数単純化の原理と集中貯蔵の原理（不確実性プールの原理）が挙げられ，また，これらの原理に加えて情報縮約・整合の原理も提唱されている。以下においてこれらの原理を概観する。

２．取引総数単純化の原理

取引総数単純化の原理とは，複数の生産者と複数の消費者とが存在する場合，

図1－7　取引総数単純化の原理

●直接流通

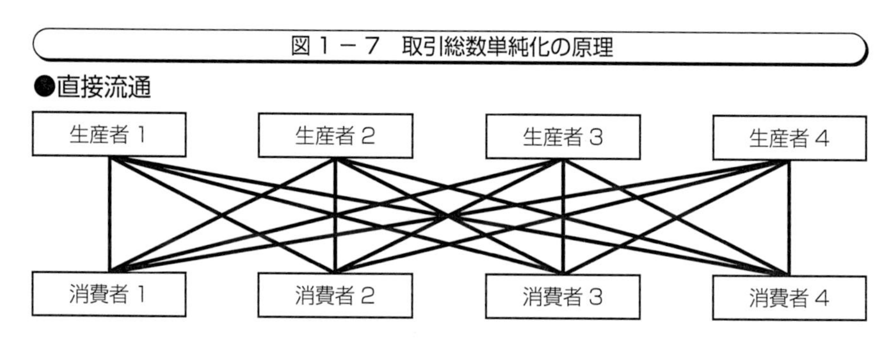

取引の総数は４回×４回＝16 回の取引となる。

●間接流通

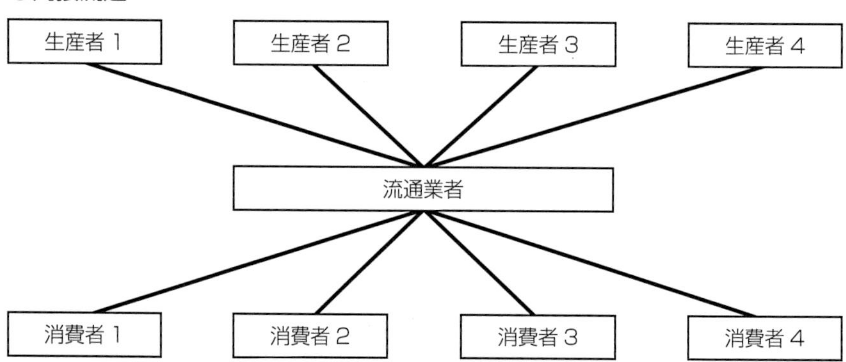

流通業者が介在すると４回＋４回＝８回の取引となる。

出所：筆者作成。

それぞれが個別に取引するのではなく，その間に流通業者が介在することにより取引総数が減少して総流通費用が節約されるという原理である。

例えば，生産者４人と消費者４人が直接取引する場合（直接流通），総取引数は４回×４回＝16回となる。しかし，生産者と消費者の間に流通業者が１人入り，すべての取引に介在したとすれば（間接流通），生産者４人と流通業者１人との取引数は４回となり，流通業者１人と消費者４人との取引数は４回となり，総取引数は合わせて４回＋４回＝８回となる（図１－７)。このように流通業者が生産者と消費者との取引に介在することにより社会的に必要な取引数は減少（単純化）し，総流通費用が節約されることにつながる。

ただし，実際の流通機構をみると，このモデルのように単純なものは存在せず，流通業者が介在することにより総流通費用の節約につながる場合ばかりではない。例えば，流通業者の数も同一段階に複数人が存在する場合や，流通業者が多段階となっている場合もある。また，直接流通における１取引あたりに掛かる費用と間接流通における１取引あたりに掛かる費用が同一と限らない。これらの要因により流通業者の介在によって直接流通が行われたときよりも総流通費用が高くなる可能性もある。このため，現実にはこれらの要素を勘案して，流通業者の介在により総流通費用が節約されたのかを分析する必要がある。

３．集中貯蔵の原理（不確実性プールの原理）

集中貯蔵の原理（不確実性プールの原理ともいう）とは，需要の不確実性に備えるため，生産者と消費者の間に介在する流通業者が集中的に在庫を貯蔵することで，個々の生産者が個別に在庫を貯蔵するよりも市場全体における在庫の絶対量が減り，結果的に総流通費用が節約されるという原理である。

直接流通において同質の財を生産する各生産者は，変動する需要に備えてそれぞれ製品の在庫を持つことになるものの，間接流通において流通業者が各生産者に代わって集中的に在庫を持つため，直接流通において各生産者が持つ在庫量の総和よりも一般的に小さくなるとされている[62]。これは直接流通の場合，個々の生産者は需要に応えられず売り逃しが生じる不安から在庫を多めに持つ傾向にあるものの，間接流通で流通業者が在庫を持つようになると生産者はこの不安から解放され，持つ在庫の量が減少するためである。

●トピックス　在庫量と流通費用の関係

現在では，生産者・流通業者が協力してリードタイムを短縮し，あるいはサプライ・チェーン・マネジメントを導入して（第５節４(3) を参照），消費者の需要に迅速に応えて売り逃しを低減することができる体制を構築し，それぞれの在庫量を削減することを目指す事例が増加している。また，SPA（第9節2(3)で詳しくみる）のように直接流通の方が効率的・効果的に消費者の需要に対応することができる事例も増加している。これに対し，在庫量を削減して需要に即応する体制では生産費用や流通費用が割高になる場合があり，事前に計画的に生産を行い，在庫量を流通の各段階で多めに持ち消費者の需要に応える方が，最終的に売れ残りが生じても生産費用や総流通費用が節約される可能性がある点に注意が必要である。

4．情報縮約・整合の原理

流通業者は，複数の生産者が生産した財に関する情報を集めて縮約することによりこれらの情報の比較が容易であるとともに，複数の消費者が財を消費した需要に関する情報を縮約して商品の品揃えを形成している。情報縮約・整合の原理とは，流通業者の立場で縮約した生産部門と消費部門それぞれに関する情報が流通業者の形成した品揃えに具体化されて，質的・量的に財の情報が整合されることから，この流通業者の品揃えを介して行われる生産・消費間の取引はより効率化し，総流通費用が節約されるというものである[63]。

しかし現在では，情報技術の革新や新たな情報サービスの出現により生産者が消費者の情報にアクセスすることが容易になっているため[64]，流通業者による情報縮約・整合の役割が変化している点に注意が必要である。

第9節　流通機構の具体例

1．我が国の流通機構の変化

流通機構は内外の環境要因に基づき柔軟に変化するものであり，現在でも消費の成熟化・多様化などの変化やインターネットなど情報技術革新の影響などにより大きく変化しつつある。流通機構に影響を与える外部環境を構成するものとしては，流通に課業を与え，流通の役割を期待する生産の仕組みと消費の仕組みである課業環境と，流通機構を制約する一般的な経済・社会条件，自然条件，労働力，技術水準，都市環境，交通，通信の仕組み，教育，政府の政策など制約環境に分けられ[65]，流通機構の変化を捉える際にはこれら外部環境の変化を併せて分析する必要がある。

我が国の流通構造には，流通業者に中小・零細規模の事業者が多いという零細性，業者数や店舗数が多いという過多性，卸売業者が多段階に分かれているという多段階性の３つの特徴があるとされる[66]。このような特徴がある流通構造が課業環境・制約環境の変化からダイナミックに変化を遂げることになったのは1980年代以降であり[67]，スーパーをはじめとする量販店の台頭，1990年代以降に生じた大規模小売店舗法の緩和・廃止（2000年）や医薬品，酒類，米穀類に代表される消費財の規制緩和による大規模小売店舗の出店増加と多様な小売業態の誕生・成長，バブル経済崩壊以降の長期間にわたる消費不況による安売りを武器とする小売業態の誕生・成長，これに対し従来から商店街を支えていた中小・零細規模の小売業者の衰退，これら小売業の変化を受けた卸売業者の再編や大規模化など，さまざまな外部環境の変化により我が国の流通機構は大きく様変わりしつつある。

そして近年には，情報技術の革新を利用したインターネットによる通信販売の成長や少子高齢化，過疎化といった社会条件などの影響を受けた地方都市における商業の衰退など，新たな変化も生じている。

以下において，これら変化を踏まえ，身近な流通機構の具体例を説明する。

２．流通機構の具体例

（１）生鮮食品の流通

生鮮食品とは青果，鮮魚，精肉などであり，貯蔵が難しい，温度管理が必要である，品質の劣化が激しい，産地が全国および世界中に分散している，需要変動に応じて短期間で増産・減産ができないといった特徴を有しており[68]，これらの特徴から生活への必要性が高いものの流通の難易度が高い商品分野で

図１－８　卸売市場の取引の流れ（青果物・水産物）

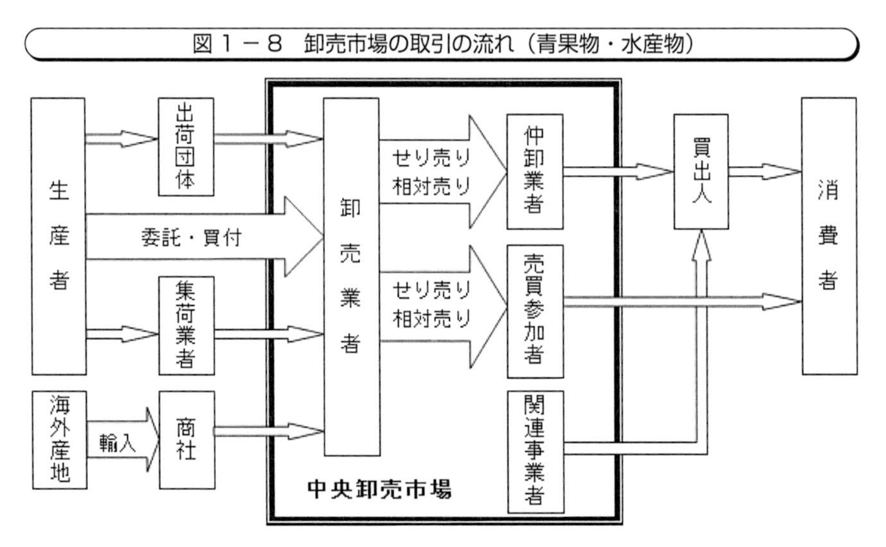

出所：農林水産省「食材の流通と変化」,
http://www.maff.go.jp/keikaku/shokubunka/culture/shokuzai.htm
（2019年10月18日閲覧）。

あるといえる。これに対し，食品流通における輸送システムや冷蔵・冷凍技術，加工技術の向上により時間・空間の懸隔を架橋しやすくなってきていることも特徴である。

全国各地および世界各国から集荷した多種大量の生鮮食品を消費者に流通させる最大の要となるのは全国各地にある卸売市場であり，ここで集荷された生鮮食品は，適正な価格が付けられ，速やかに分荷され，小売業を介して消費者に流通することになる[69)]。

卸売市場は中央卸売市場と地方卸売市場，その他卸売市場に分けられ，中央卸売市場は都道府県もしくは人口20万以上の市が農林水産大臣の認可を受けて開設されるものであり，地方卸売市場は卸売場の面積が一定規模以上のものについて，都道府県知事の許可を受けて開設されるものである。青果物・水産物の卸売市場の取引の流れとして（図１－８），生産者や出荷団体（農業協同組合・漁業協同組合など）など出荷者から卸売業者が青果物・水産物を集荷し（集荷には出荷者から販売委託を受ける委託集荷と出荷者から購入する買付集荷がある），卸売業者が市場内の卸売場でせり売買または相対売買により仲卸業者・売買参加者（市場の開設者から承認を受けた大手スーパーや加工業者など）に販売する。仲卸業者は市場内に店舗を持ち，購入した商品を細かい単位に仕分け，買出人（小売業者，料理店など）等に販売する。なお，近年では大規模小売業者の成長などにより，大口需要者が卸売市場を経由せず出荷者から生鮮食品を直接買い付ける市場外流通の割合が大幅に拡大している。

（２）家電製品の流通

第２次世界大戦後の家電製品の流通は家電メーカー，卸売業者，小売業者から構成されており，当初は卸売業者が在庫リスクを負担する構造であったものの，1960 年代に卸売業者の在庫リスクが過重になったことからメーカーによる卸売業者の買収と子会社化が進行し，一地域一販社制が導入された[70)]。さらに大手メーカーは，ブランドの差別化を図るため資本関係のない中小小売業者に対し積極的なマーケティング活動と組織化・系列化（いわゆる流通系列化）を進め，中小小売業者は大手メーカー１社の商品しか取り扱わない専売店となり，かつ，小売段階での値崩れ防止のため建値制（メーカーが卸売段階・小売段階の販売価格を設定する方法）が採用されて再販売価格の維持（拘束）など価格統制が行われて大手メーカーのブランド内における価格競争が抑制されることになった。

しかし 1990 年代になり，大規模小売店舗法の緩和・廃止などにより大規模な家電量販店が成長し，かつ，これらがバイイングパワーを強化した結果，家電量販店が価格交渉力を握って仕入価格の抑制を実現し，家電製品の小売価格も建値制からオープン価格制（流通業者が自由に販売価格を設定する方法）に移行した。これにより家電量販店は，品揃えの豊富さと低価格販売を武器に競争を展開し，系列化された中小の家電小売業者が衰退することにつながった。近年では，大手の家電量販店間やインターネットを利用した家電通信販売業者との間で（インターネットを利用することにより商品価格の比較が容易となっている），家電製品の価格競争が激しくなっている。

（3）アパレル商品の流通

アパレル商品（衣類全般）の生産・流通は，①繊維素材（繊維原料や糸など）の生産・流通段階，②テキスタイル（織物など）の生産・流通段階，③衣類最終製品の生産・流通段階，④アパレル小売段階の4段階に大別され，各段階に多くの生産・加工業者や流通業者が介在している多段階分業構造になっており，これらが売れ残りの危険を回避する一種の安定化装置のような機能が働いていたものの，多段階ゆえに消費者情報の鮮度や精度が落ち，流通機構全体で高コスト構造に陥る要因となっていた[71]。

この状況を解決するために，近年は企画・生産・販売まで1社で一貫して手掛ける製造小売業（SPA：Speciality store retailer of Private label Apparel）というビジネスモデルを採用するアパレル業者が増えている。SPAのメリットとして，①事業者としての意思決定のスピードが速い，②消費者のニーズに則したオペレーションが可能である，③中間マージンを排除することから手ごろな価格にもかかわらず利益率が高い，④直営店での自社ブランドのみの販売になり他者との差別化・ブランドイメージの確立が容易になる，という点が挙げられる一方，デメリットとして流通の各段階で生じる費用や売れ残りの危険をすべて負担する必要がある点が挙げられ[72]，さらに，企画から販売までのすべての体制を自らの負担で整備するという点も挙げられる。

SPAの代表例にはファーストリテイリングが運営するユニクロが挙げられ，図1－9のとおり素材調達，商品企画，商品計画，製造（外部工場に委託），物流，販売，在庫管理まで幅広く自社で行っていることがわかる。このビジネスモデルにより，ユニクロは同業他社との商品の差別化，販売状況に応じた機動的な生産調整，ローコストでの店舗経営に磨きをかけ，高品質で低価格の商品提供を実現している。

図1－9　ユニクロのSPAモデル

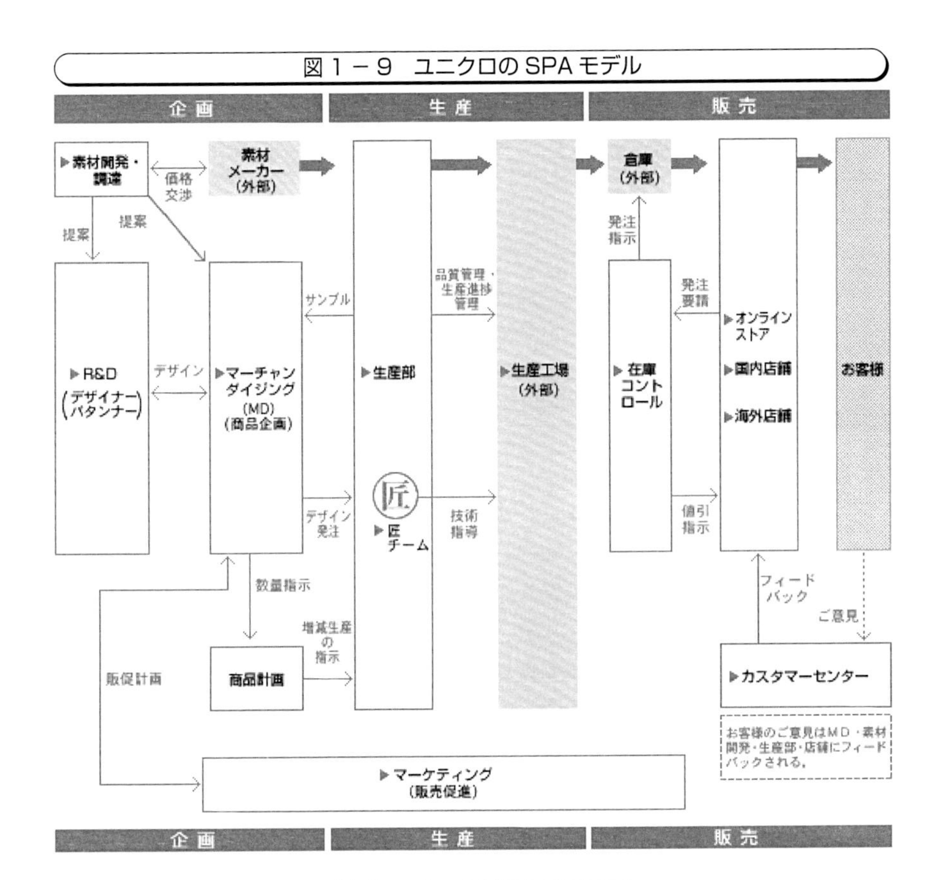

出所：ファーストリテイリング社「ユニクロのビジネスモデル」,
http://prd0tky-web-main-fastretailing-62349252.ap-northeast-1.elb.amazonaws.com/jp/group/strategy/uniqrobusiness.html
（2019年10月11日閲覧）。

【注】

1）この部分の記述は田口冬樹『体系流通論（新版）』白桃書房，2016年，2-6頁を参考に記述した。

2）例えば考古学上の成果として，石器として利用された黒曜石や装飾品として利用されたヒスイ・琥珀などは原産地が限られているものの各地の遺跡から出土しており，その交易・流通範囲が広いことがわかっている。例えば青森県の三内丸山遺跡では，集落が大きくなる約5000年前から，ヒスイ（新潟県糸魚川周辺から），黒曜石（北海道十勝などから），琥珀（岩手県久慈周辺から）が舟を使って運ばれており，他地域と活発に交流・交易が行われていたことがわかっている。詳細は三内丸山遺跡ホームページ，https://sannaimaruyama.pref.aomori.jp/about/door/（2019年9月11日閲覧）を参照。

3）田口，前掲書，4頁。

4）懸隔の分類・説明は研究者によって相違があるが，本節における説明は，田口，同上書，36-38頁，鈴木安昭（東伸一・懸田豊・三村優美子補訂）『新・流通と商業［第6版］』有斐閣，2016年，4-5頁を参考として記述した。

5）工業立地には，産業革命当初の軽工業のように大量で安価な労働力と十分な資本蓄積がある伝統的商工業都市で発展した伝統立地型，安価な労働力が利用できる労働力立地型，原材料産地の近くに位置する原料立地型，消費地の近くに立地する消費地（市場）立地型，交通のアクセスのよい場所に位置する交通立地型，技術・情報にアクセスのよい情報立地型などが挙げられる。田邉裕『もういちど読む山川地理［新版］』山川出版社，2017年，246-247頁。

6）鈴木，前掲書，6頁。

7）国際流通の説明は鈴木，前掲書，12-14頁を参考とした。

8）このような国際分業の利益を説明したのは19世紀のイギリスのリカードであり，彼の主張した理論は比較生産費説と呼ばれている。

9）一般に，供給される商品が同一市場に属するか否かは買主からみた商品の代替性の有無で判断される。例えば，乗用車と輸送用のダンプカーでは利用目的からみて代替性がないと判断されるのが通常と思われ，このため別の市場に属する商品と判断できる。

10）田口，前掲書，39頁。

11）モノの所有権移転の原因には，売買のほか，物々交換に代表されるモノ同士の交換や一方当事者が他方当事者にモノを無償で譲り渡す贈与が挙げられる。

12）売買取引の形態の説明は，青木均・石川和男・尾碕眞・濱満久『新流通論［改訂版］』創成社，2014年，25-26頁を参考に記述した。

13）例えば，特定商取引法や割賦販売法に基づく取引では，消費者を保護するため事業者に書面による契約条件の明示を義務づけている。

14) 小売店で商品の代金を支払うと小売店が消費者に対しレシートや領収書を発行する。これらは代金を支払った証明として発行される書面であり契約書ではない。ただし，小売店が代金支払いの証明にレシートを発行したということは，小売業者と消費者の間に売買契約が存在したことを推測させる証拠にはなる。

15) 引渡場所は国内の取引では買主の事業所が基準となり，引渡期日は即時渡し（契約の成立時），近日渡し（契約してから数日後），延渡し（あらかじめ定めた定期渡し，農作物の収穫後渡しなど）などの区分がある。鈴木，前掲書，23頁。

16) 佐藤孝幸『実務契約法講義（第4版）』民事法研究会，2004年，135頁。

17) 一般に，売主による商品の引渡し後，買主による商品の検査が行われるのが通常であり，これに合格した時に買主が商品を受領したことにする場合が多い。なお，商品の検査では，引き渡された商品の数量，品質・性能などが注文したとおりであるかなどの確認が行われる。検査の結果，商品の数量不足，品質・性能の不備（一般に商品の瑕疵（かし）という）などが判明した場合は，買主は売主に通知して代わりの商品を再度引き渡してもらう，代金を減額してもらう，契約を解除するなどの対応を要求することになる。

18) この場合，買主が売主に代金を支払うまでに買主が商品を占有している期間，この商品の所有権は売主にあることから所有権留保売買と呼ばれ，小売業者・消費者間の割賦販売では特約として付される場合が多い方法である。

19) 経済産業省商務情報政策局情報経済課『平成30年度我が国におけるデータ駆動型社会に係る基盤整備（電子商取引に関する市場調査）報告書』経済産業省，2018年，16-17頁。

20) 経済産業省商務情報政策局情報経済課，同上書，10頁。なお，EC化率はすべての商取引金額に対するEC市場規模の割合である。

21) 経済産業省商務情報政策局情報経済課，同上書，7-9頁。

22) 青木・石川・尾碕・濱，前掲書，26-27頁を参考に記述した。

23) キャッシュレス決済の記述は，経済産業省商務・サービスグループ消費・流通政策課『キャッシュレス・ビジョン』経済産業省，2018年，4-9頁を参考にした。

24) 物流は流通業者が担うだけでなく，生産者や消費者が担う場合もある。例えば，消費者が通信販売により生産者から直接商品を購入する場合には，生産者が物流を行っていると捉えられるし，消費者が小売店舗で商品を購入し，自身で自宅まで持ち帰る場合には，消費者が自ら物流を行っていると捉えられる。

25) 外部委託の例として，消費者が小売業者から購入した商品を小売業者の店舗から自らの自宅まで宅配業者に依頼して配送することが挙げられる。

26) 鈴木，前掲書，35頁。

27）鈴木，同上書，35-36 頁。

28）本節における物流の種類の記述は青木・石川・尾碕・濱，前掲書，31-32 頁を参考とした。

29）トヨタ生産方式については，トヨタ自動車「トヨタ生産方式」，https://global.toyott/jp/company/vision-and-philosophy/production-system/（2019 年 10 月 1 日閲覧）を参照。

30）身近な事例としては，消費者がインターネットの通信販売で購入した商品を当日や翌日に宅配することができるように，多くの通信販売業者が受注体制や物流体制を整備していることが挙げられる。

31）身近な回収物流の事例としては，駅や商業施設などに設置された自動販売機において，自動販売機の飲料を補充に来る販売業者（ベンダーという）が帰りに自動販売機の脇に設置されたゴミ箱から空き缶や空きペットボトルを回収することが挙げられる。

32）物流に使用される用語は日本産業規格（JIS）で定義されており参考となる（日本産業規格「JISZ0111」日本産業標準調査会，2006 年）。物流活動の記述は JIS での定義・記述を参考に説明する。

33）日本産業規格，同上，4 頁。

34）日本産業規格，同上，4 頁。

35）日本産業規格，同上，4 頁。

36）日本産業規格，同上，6 頁。

37）日本産業規格，同上，7 頁。

38）日本産業規格，同上，7 頁。

39）公正取引委員会事務総局『物流センターを利用して行われる取引に関する実態調査報告書』公正取引委員会，2014 年。

40）鈴木，前掲書，35-36 頁。

41）ロジスティクスはもともと軍事概念における兵站（へいたん）から派生した用語であり，「武器，食糧など必要物資や兵員の調達，輸送，保管，修理，補充，管理などその戦争全てに必要な人・物の処理に関することを担当するもの」という意味を有している。中田信哉『ロジスティックス入門〈第 2 版〉』（日経文庫 1269）日本経済新聞出版社，2012 年，22 頁。

42）日本産業規格，前掲，2 頁。

43）中田，前掲書，72 頁。

44）ロジスティクスと物流管理の相違は，中田，同上書，83-87 頁を参考に記述した。

45）日本産業規格，前掲，2 頁。

46）公正取引委員会事務総局，前掲書。

47）リードタイムとは，商品を発注してから納品されるまでの期間のことであり，この期間を短縮することにより顧客に対する売り逃しの防止や顧客サービス水準の向上につなげることができる。

48) 「総合物流施策大綱（2005-2009）」2005 年 11 月 15 日閣議決定。

49) 鈴木，前掲書，51 頁。

50) 鈴木，同上書，52-53 頁。

51) 以下，本節における流通情報の各種類の説明は鈴木，同上書，57-68 頁を参考に記述した。

52) 販売促進活動の区分・説明は鈴木，同上書，140-144 頁を参考に記述した。

53) 鈴木，同上書，144 頁。

54) 鈴木，同上書，62 頁。

55) 鈴木，同上書，63-65 頁。

56) 金融機能の説明は鈴木，同上書，28-30 頁，青木・石川・尾碕・濱，前掲書，40-41 頁を参考に記述した。

57) 約束手形とは，手形の振出人が受取人に対し，手形に記載された一定の金額を一定の期日に支払うことを約束する有価証券であり，約束手形のうち商品などの代金決済のために振り出されたものを商業手形という。振出人の当座預金の残高不足等により約束手形の支払が期日通りに行われない場合には，手形の不渡りとなり振出人の信用力が大きく低下することとなる。そして 6 カ月経たない内に二度の不渡りを出すと，振出人は銀行取引停止処分を受け，事実上の倒産とみなされる。

58) 高度成長期における総合スーパーの回転差資金の活用については，高岡美佳「高度成長期のスーパーマーケットの資源補完メカニズム」『社会経済史学』第 65 巻第 1 号，1999 年を参照。

59) 日本クレジットカード協会「クレジットカードのかしこい利用法」，http://www.jcca-office.gr.jp/common/handbook.pdf（2019 年 10 月 1 日閲覧）。

60) 日本クレジット協会「クレジットカードショッピング・ショッピングクレジット統計一覧」，https://www.j-credit.or.jp/information/statistics/download/toukei_02_i_190328.pdf（2019 年 10 月 1 日閲覧）。

61) 売上仕入の詳細は岡野純司「大規模小売業者・納入業者間の売上仕入契約―百貨店の事例を素材として」現代企業法研究会編『企業間提携契約の理論と実務』判例タイムズ社，2012 年を参照。

62) 本節における流通業の存立根拠の各理論の説明は，鈴木，前掲書，150-155 頁を参考に記述した。

63) 鈴木，同上書，154-155 頁。

64) 鈴木，同上書，153-154 頁。

65) 例えば，ポイントサービスを運営する事業者では，ポイント提供と結びついて会員から収集された大量の購買データ（ビッグデータ）が蓄積されており，このデータを分析して生産者などに集計データを提供する事業を行っている。

66）鈴木，前掲書，11 頁。

67）寺嶋正尚『ケースでわかる流通業の知識』産業能率大学出版部，2014 年，8-9 頁。

68）鈴木，前掲書，10 頁。

69）寺嶋，前掲書，19 頁。

70）農林水産省「食材の流通と変化」，https://www.maff.go.jp/j/keikaku/syokubunka/culture/syokuzai.html（2020 年 1 月 27 日閲覧）。本項における卸売市場の記述はこの HP を参考に記述した。

71）青木・石川・尾碕・濱，前掲書，45 頁。

72）青木・石川・尾碕・濱，同上書，44 頁。

73）寺嶋，前掲書，23 頁。

参考文献

青木均ほか『新流通論［改訂版］』創成社，2014 年。

小野塚征志『ロジスティクス 4.0（日経文庫 1406）』日本経済新聞出版社，2019 年。

佐藤孝幸『実務契約法講義（第 4 版）』民事法研究会，2014 年。

鈴木安昭（東伸一・懸田豊・三村優美子補訂）『新・流通と商業〔第 6 版〕』有斐閣，2016 年。

田口冬樹（2016）『体系流通論（新版）』白桃書房，2016 年。

寺嶋正尚『ケースでわかる流通業の知識』産業能率大学出版部，2014 年。

中田信哉『ロジスティクス入門〈第 2 版〉』（日経文庫 1269）日本経済新聞出版社，2012 年。

第2章　消費者と流通

消費者の流通への関わりは非組織的なもの，すなわち購買行動と，組織的なものに分けることができる。消費者は個人として購買活動を通じて非組織的に流通に関わっている。また，個人としての関わりには限界があるため，組織的に幅広い活動によって流通に関わっている。

第1節　消費者の購買行動

流通活動は生産と消費とを架橋するための経済活動である。したがって，消費者が流通に関わっていることは間違いない。例えば，われわれ消費者は，自宅でチラシに掲載された商品情報を吟味した後，小売店に出かけ，そこで商品を購買し，自宅までその商品を運び，冷蔵庫や納戸にその商品を保存し，そして必要が生じたときにその商品を消費する。これらは，商流，物流，情報流に関わっており，消費者による流通活動の担当であるといえる。それら一連の行動は消費者の購買行動として理論化されてきた。まず，消費者の購買行動プロセスを解説する。つぎに，消費者の情報探索とその程度を規定する知覚リスクについて解説する。さらに，購買行動において消費者が負担する買い物費用について解説する。最後に，購買行動の中でも負担の大きい消費者の空間行動のモデルを解説する。

1．消費者の購買行動プロセス

消費者の購買行動プロセスは，まさに消費者による商品購買にまつわるプロセスである。つまり，消費ニーズが生起してから商品購買へと至る一連の流れ

図２－１　消費者の商品購買過程

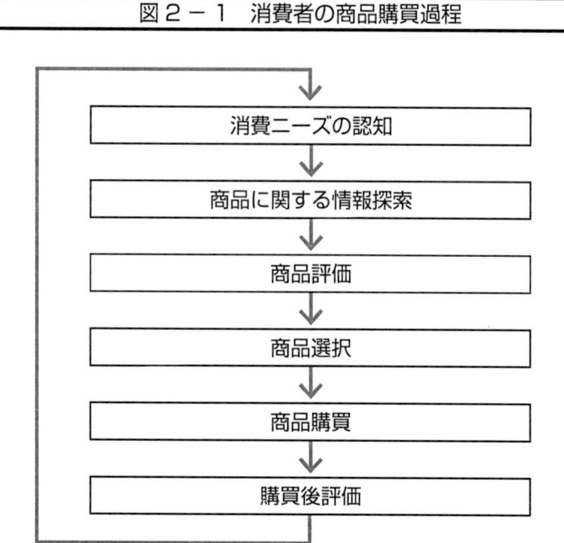

である（購買後の評価も含む）。しかしながら，小売店における購買を想定した場合，そこに店舗出向プロセスを考慮しなくてはならない。ここでは，消費者の購買行動プロセスに，商品購買プロセスと店舗出向プロセスが含まれると考える[1)]。ただし，理論上この２つに分割することが可能であるが，実際には混然一体となる。

（1）商品購買プロセス

消費者の商品購買プロセスは，消費ニーズの認知から商品購買へと至る。ただし，商品購買後の評価は次回の購買に影響を与えるため，そこに加える必要がある。図２－１のように商品購買プロセスにはつぎの段階が存在する。

①　消費ニーズの認知

消費者が満たされていない消費ニーズに気づく段階である。

②　商品に関する情報探索

消費者が，認知した消費ニーズを満たしてくれそうな望ましい商品を選択

図２－２　消費者の店舗出向過程

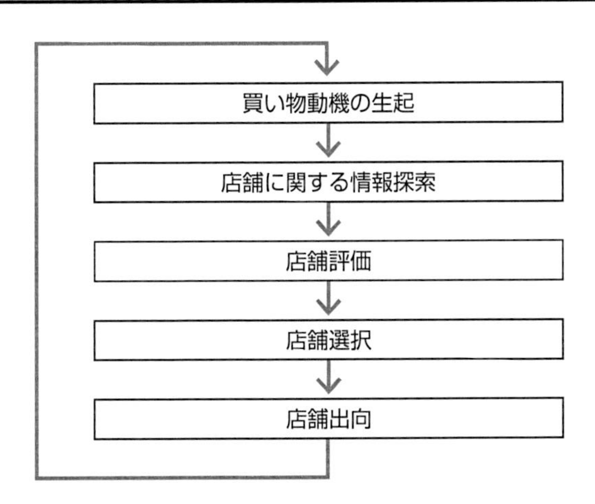

するために，情報を得ようとする段階である。

③　商品評価

品質・機能の優秀さ，デザインの格好良さ，価格の適切さ，アフターサービスの充実ぶりなどの評価基準に基づいて，消費者が候補となる商品（もしくはブランド）を評価する段階である。

④　商品選択

消費者は購買する商品を最終的に選び出す。

⑤　商品購買

消費者は実際に商品を購買する[2)]。

⑥　購買後評価

商品購買後，消費者は購買した商品に関して満足・不満足を感じる。消費者は出向した店舗とそれを自らの記憶にとどめ，次回の購買に活用する。

（2）店舗出向プロセス

図２－２のように，消費者の店舗出向プロセスは，買い物動機の生起から出向へと至る。

① 買い物動機の生起

店舗において消費者が買い物を行う動機は，基本的には商品情報を獲得して必要な商品を入手することである。したがって，商品購買過程における商品に関する情報探索が契機となって，店舗出向プロセスが始まる。ただし，実際には，消費者は商品の購買以外に，気晴らしや社交のために店舗に出向くことがある[3)]。

② 店舗に関する情報探索

消費者は，買い物動機に見合う店舗をリストアップするために，店舗に関する情報探索を行う。情報探索する際の情報源は大きく内部情報と外部情報に分けることができる。内部情報は，消費者本人の記憶であり，外部情報は，広告，マスコミ報道，販売員，友人など消費者本人以外の情報源からもたらされる情報である。内部情報として消費者は店舗イメージを保持している。それをまず参照し，それでは不十分である場合に外部情報を探索する。

③ 店舗評価

消費者は，リストアップした店舗について，商品構成の適切さ，プロモーションの適切さ，立地の便利さ，店舗の快適さ，販売価格の適切さなど，いくつかの評価基準に基づいて小売ミックスを評価する。どの評価基準を重要視するのかは消費者によって異なるが，年齢，性別，居住地，所得などの消費者の属性によって分類することは可能である。また，ニーズを満たしてくれそうな商品の種類によっても，評価基準の重要性は異なる。

④ 店舗選択

前段階の評価に基づいて，消費者は出向するのに望ましい店舗を選び出し，決定する。消費者は店舗を選択した後には出向することになる。

⑤　店舗出向

消費者は実際に店舗に出向く。

2．消費者の情報探索と知覚リスク（perceived risk）

消費者の購買行動の中心は情報探索である。その情報探索は同じ消費者においても商品によって程度が異なる。また，その程度の違いは消費者の知覚リスクに規定される。

（1）消費者の情報探索程度

トイレット・ペーパーなどの日用雑貨品を購買する場合と，スーツなどの洋服を購買する場合では，消費者の情報探索の程度が異なることは，我々の経験からしても理解できることであろう。流通研究では，消費者の情報探索との関連で，最寄品（convenient product），買回品（shopping product），専門品（specialty product）の分類[4]が購買行動を説明する鍵として用いられてきた。

最寄品は，消費者が買い物にあたって最小限の努力しか払おうとしない商品である。消費者は比較・選択には時間を取らない。頻繁に，しばしば衝動的に購買され，標準化された低価格の商品であることが多く，消費者は居住地の近くの小売店で即座に入手することを望む。

買回品は，消費者が買い物にあたって，品質，デザイン，価格などの商品に関する外部情報の探索を行うために，多くの時間や努力を費やすことを惜しまない商品である。消費者は買い物出向前には購入商品が特定できず，ときには複数の店舗を訪問して，商品情報を獲得し，類似の商品（あるいはブランド）をいくつも比較して，購入を決定するような商品である。

専門品は，買い手にとってきわだって重要なユニークな特徴を持つ商品であり，消費者が，買い物にあたって，特定のブランドや特定小売店に品揃えられている商品を購買することを決めている場合に，その対象となる商品である[5]。消費者にとって，他の商品では代替することができず，購買するために大きな努力を払うこともいとわない[6]。

以上の分類を振り返ってみると，商品の種類によって，消費者の買い物努力，とりわけ情報探索の程度が違うことに気がつく。最寄品と買回品との違いは，まさに消費者の情報探索程度の違いである。

それでは，消費者の情報探索の違いを規定するのは何なのだろうか。消費者が情報探索の結果として得る価値（探索価値）と情報探索にかかる費用（探索費用）によって情報探索の程度は規定される[7]。探索価値には製品に関するさまざまな情報の獲得が含まれ，探索費用には主に後述する買い物費用が含まれる。消費者は探索費用に見合うほど探索価値が大きいかどうかを勘案し，情報探索を行うだろう。最寄品は探索価値と探索費用との比率が小さく，また買回品はそれらの比率が高いと考えられるのである。

（2）知覚リスク

消費者の情報探索は，消費者が商品を購買し，消費・使用する際に知覚するリスク（知覚リスク）に深く関連している[8]。知覚リスクとは，消費者が商品を購買し，消費・使用する際に主観的に感じる何らかの危険のことである。商品に関連する知覚リスクにはつぎのようなものが考えられる[9]。

① パフォーマンス・リスク
商品をうまく使いこなせず，機能しない。

② 物理的リスク
商品が破損してしまう。

③ 身体的リスク
商品が身体の生命・健康を害してしまう。

④ 心理的リスク
商品によって，自己への不満や屈辱を経験してしまう。

⑤ 社会的リスク
商品の購買・使用が準拠集団から認めてもらえない。

消費者の知覚リスクは探索価値を規定する。つまり，知覚リスクが大きくなれば，リスクを低減させるために商品に関するさまざまな情報を探索する必要性が高まるのである。パフォーマンス・リスクや物理的リスクは，技術的に複雑であったり，多様な属性を持っていたりするような商品の場合に大きくなる。金銭的リスクは商品の価格が高い場合に大きくなる。また，身体的リスクは商品が生命・健康に関わる商品の場合に大きくなる。さらに，見せびらかしのために商品を購入するような場合に社会的リスクは大きくなるかもしれない。

3．買い物費用（shopping cost）

消費者が商品購買のために小売店を訪れて情報探索を行うことは買い物（shopping）であるが，買い物のために消費者は費用を負担しなければならない。買い物にかかる費用のことを買い物費用と呼ぶ。買い物費用には，交通費（小売店までの電車代，バス代，自家用車のガソリン代，駐車料金など），時間，肉体的・心理的疲労などが含まれる[10]。消費者は商品の購買に当たっては，商品代金とともに買い物費用を負担しているのである。

消費者は自らの買い物費用をより軽減してくれる小売店を愛顧することになると考えられる。価格以外の小売ミックスにおける工夫によって，消費者の買い物費用は軽減される[11]。例えば，小売業者が品揃え幅を拡大することによって，消費者は１カ所の小売店への一度の訪問で必要な商品を買い揃えることができる，いわゆるワン・ストップ・ショッピング（one stop shopping）の便利さを享受することができる。これによって，他の小売店へ再度訪問する可能性が減り，消費者の買い物費用が軽減されるかもしれない。あるいは，小売業者が空調やBGMなどの買い物環境を整備することによって，それらが整備されないよりも消費者の心理的・肉体的疲労を軽減させるかもしれない。また，消費者の居住地から店舗までの距離が短ければ，距離が遠い場合よりも，当然，交通費をはじめとする消費者の買い物費用の負担は軽減される。さらに，公共交通機関や自家用車でのアクセスのしやすさも消費者の買い物費用の軽減に貢献する。

4．消費者の空間行動

消費者の買い物費用について，特に負担が大きいのは店舗への出向における移動である。消費者の購買行動のうち，居住地などの買い物起点から店舗への出向を消費者の空間行動と呼ぶ。

（1）ハフ・モデル（Huff model）

消費者が店舗出向において負担する買い物費用は，買い物起点から店舗への移動距離が長くなれば長くなるほどより増大する傾向にある。移動距離は消費者の店舗出向に対する抵抗要因であるといえる。各店舗の品揃えや価格などの小売ミックスが一様であるならば，消費者は買い物起点からより近い店舗に出向しようとすると考えられる。

しかしながら，通常，各店舗の小売ミックスは多様である。しかも，消費者にとって，品揃えや価格などの小売ミックスがより魅力的な店舗とそうでない店舗が存在する。消費者の移動距離に関係する立地以外の小売ミックス，すなわち，品揃え，価格，プロモーション，買い物環境，付帯サービスは，消費者の店舗出向に対する誘引要因であるといえる。

以上のような消費者の空間行動を説明しているのがハフ・モデルである[12)]。ハフ・モデルは，小売店，商店街，ショッピング・センターなどの買い物施設は，売場面積の大きさに比例し，居住地からの距離（のλ乗）に反比例して消費者を吸引するという考えに基づいて構築されている（図２－３)。このモデルでは，買い物施設の魅力を品揃えに限定し，売場面積で代表させている。つまり，売場面積が大きくなれば，品揃えが充実し，買い物施設の魅力度が増すということが想定されているのである。

ハフ・モデルは，買い物施設が競合する中，特定地域の消費者を当該買い物施設がどれくらいの割合で吸引することができるのかを推定するために用いられる。

図2－3　ハフ・モデル

$$P_{ij}=\frac{\dfrac{S_j}{T_{ij}^{\lambda}}}{\sum_{j=1}^{n}\dfrac{S_j}{T_{ij}^{\lambda}}}$$

ただし　P_{ij} は地区 i から買い物施設 j への買い物出向確率
S_j は j の規模
T_{ij} は i から j までの移動時間
n は競合する買い物施設の数
λ はパラメーター

（2）ライリー・モデル（Reilly model）

消費者は，居住地から店舗に出向する際，都市内の移動に限らず，都市間を移動することがある。都市が持つ人をひきつける力（吸引力）が消費者の店舗出向に影響を与えるかもしれない。買い物努力の小さい最寄品購買の場合よりも，商品の比較を行うために複数の小売店を回ることが多い買回品を購買する場合のほうが，都市の吸引力は重要になるかもしれない。

都市の吸引力は小売引力モデルで理解することができる。その1つ，ライリー・モデルは，買い物施設を備えた2都市A，Bが競合して，それらの中間地から顧客を獲得している状況において，2都市がそれぞれどの程度，取引量を得るのかについて推計するモデルである[13]。図2－4に示されているように，

図2－4　ライリー・モデル

$$\frac{B_a}{B_b}=\left(\frac{P_a}{P_b}\right)\left(\frac{D_b}{D_a}\right)^2$$

ただし
B_a は都市Aが中間地から吸引する取引量
B_b は都市Bが中間地から吸引する取引量
P_a は都市Aの人口
P_b は都市Bの人口
D_a は中間地から都市Aの距離
D_b は中間地から都市Bの距離

２都市Ａ，Ｂは，人口に比例して，中間地からの距離に反比例して取引量を吸引するという考え方に基づいて，当該モデルは発案された。

なお，ライリー・モデルでは，吸引力を人口で捉えている。したがって，都市の魅力を明確に規定してそれから吸引力を捉えているわけではない。

（３）コンバース・モデル（Converse model）

ライリー・モデルを発展させたのがコンバース・モデルである[14)]。新小売引力モデルとも呼ばれる。コンバース・モデルは，買い物施設を備えた２都市Ａ，Ｂが競合して，互いに顧客を吸引している状況において，２都市のうちどちらかを基準都市として（図２－５ではＡ），それが競合都市（図２－５ではＢ）からどの程度，購買力を得るのかについて推計するためのモデルである。図 2-5 で示されているように，都市は人口に比例して，都市間の距離に反比例して，購買力を吸引するという考え方に基づいて，当該モデルは発案された。

なお，ライリー・モデルと同様，コンバース・モデルは，吸引力を人口で捉えている。したがって，都市の魅力を明確に規定してそれから吸引力を捉えている訳ではない。

図２－５　コンバース・モデル

$$\frac{B_a}{B_b} = \left(\frac{P_a}{H_b}\right)\left(\frac{4}{d}\right)^2$$

ただし

B_a は都市Ａが都市Ｂから吸引する購買力

B_b は都市Ｂにとどまる購買力

P_a は都市Ａの人口

H_b は都市Ｂの人口

d は都市Ａ，Ｂ間の距離

４は慣性距離因子

第2節　組織的な流通への関わり

流通のプロセスで起こる消費者問題に対して個人では対処できないとき，消費者は，自らの権利を守るため組織的にそれに対処し，流通に関わろうとする。

1．消費者問題

流通における消費者問題とは，商品の購買と消費をめぐって，消費者が損害を被ることに関する問題である。消費者は，損害を予測する能力を欠いていることが多く，損害を被った場合，それを回復させる能力にも乏しい。消費者用商品の大半が大量生産品である今日，一度問題が発生すれば，損害は多くの消費者に短期間に広がる傾向にある。

消費者問題は，買い手である消費者と売り手である生産者・商業者（第1章でいう流通業者）との間の取引に関する知識保有の格差に起因することが多い[15]。一般的には，流通において，生産者や商業者のほうが消費者よりも多く知識を保有している。したがって，生産者や商業者は，消費者と取引をする際，有利に進めることができると考えられる。商品の情報を十分に保有していない消費者は，その購買決定を生産者や商業者の説明に依存せざるをえないという状況が発生するのである。

現在，専門家でなければ理解できないほど商品開発や生産技術が高度化していることや，商品の陳腐化が速く，つぎつぎに新商品が登場することなどが背景となって，生産者や商業者と消費者との間の知識保有格差は拡大する傾向にあると考えられる[16]。

ただし，知識保有の格差だけでは消費者問題は生じない。生産者や商業者が，その状況につけこんで，消費者の損害を省みない企業行動をとることによって消費者問題が発生するのである。したがって，消費者問題の発生には生産者や商業者における企業倫理の欠如が関係するのである。

消費者問題には，商品，取引，価格，情報伝達，消費者信用に関するものが存在する[17)]。

（1）商品に関わる問題

商品によって，身体的あるいは経済的な損害を被る問題である。基本的に劣悪な品質の商品が問題の対象となる。消費者が身体的な損害を被る問題については，商品の安全性の問題として捉えられてきた。食品，化粧品，医薬品，石油・ガス・電気を使用する器具，住居などの安全性が問題になってきた。

（2）取引に関わる問題

売り手が，詐欺的な取引契約を買い手である消費者に締結させたり，契約内容について消費者が理解しないうちに不必要な高額商品を購買させたり，契約を意図的に履行しなかったりする問題である。これらの中には，消費者に恐怖を与えて強引に契約締結を迫るものもある。また，消費者が代金を払ったにも関わらず，売り手が商品を引き渡さないこともこの問題に含まれる。取引に関わる問題は，インターネット通販や訪問販売など無店舗販売において顕在化することが多い。悪質なものは悪質商法（問題商法）として把握されてきた[18)]。

表2-1で主な商品販売を伴う商法を紹介する。

（3）価格に関わる問題

消費者が不適切な価格で商品を購買し，経済的な損害を被る問題である。生産者や商業者が，価格カルテルや再販売価格維持行為によって，価格競争を回避している場合は問題視される。また，商業者による買い占めや売り惜しみが原因とされる価格高騰も問題視されることがある。輸入品については，独占的な販売権を持つ輸入総代理店が，並行輸入品の販売を制限する行為によって価格競争を回避したとみなされる場合，問題視される。

（4）情報伝達に関わる問題

消費者が商品に関する適切な情報を伝達されないために，不必要な商品を購

表2－1　商品販売を伴う悪質商法の例

名称	主な商品	主な手口と特徴
キャッチ・セールス	化粧品，美顔器，絵画など	駅や繁華街の路上でアンケート調査と称して呼びとめ，喫茶店や営業所に連れて行き，不安をあおったり，契約に応じない限り帰れない雰囲気にしたりして，商品を買わせる商法。
アポイントメントセールス	アクセサリー，パソコンソフトなど	「抽選に当たったので景品を取りに来て」「特別モニターに選ばれた」などと有利な条件を強調して電話で呼び出し，商品を契約させる商法。
マルチ商法	健康食品，化粧品など	販売組織の加入者が新規加入者を誘い，その加入者がさらに別の加入者を誘うことで，組織を拡大して行う商法。新規加入者の支払う加入料や購入代金によって利益が得られることで誘う。
開運商法	アクセサリー，印鑑など	「運勢が開ける」「幸福になる」「購入しないと不幸になる」などの言葉で，心理的に揺さぶって，商品を売りつける商法。
送り付け商法	健康食品，書籍，教材など	商品を一方的に送りつけ，消費者が受け取った以上，購入しなければならないと勘違いして支払うことを狙った商法。ネガティブオプション。
催眠（SF）商法	寝具，家庭用医療器具など	多数の参加者を，商品説明会やプレゼント提供を名目に会場に集め，当初は無料プレゼントで参加者の熱狂をあおる。その後，熱狂状態のまま，高額商品を売りつける商法。
点検商法	床下換気扇，布団，浄水器など	点検するといって家に上がり込み，「床下が腐っている」「布団にダニがいる」などと不安をあおって，新しい商品を契約させる商法。
デート商法	アクセサリー，絵画など	出会い系サイト，電子メール，電話などを使って出会いの機会をつくり，デートを装って契約させる商法。

買して経済的な損害を被ったり，購買後に適切に商品を消費・使用することができず身体的あるいは経済的損害を被ったりする問題である。生産者や商業者による商品情報の伝達は，広告物，商品パッケージやラベルの表示，商品に付

随する取扱説明書などによる。誇大な表現や誤った内容を含んだ広告表現，商品選択に必要な情報が記載されていないパッケージ，商品利用に関する十分な記述のない取扱説明書は，消費者に経済的･身体的損害を与える可能性がある。

（5）消費者信用に関わる問題

消費者信用には販売信用と消費者金融がある。販売信用は購買した商品代金の支払を繰り延べる（後払いにする）ことであり，消費者金融は消費者に資金を融資することである。いずれにせよ，消費者の返済能力を超えた信用が供与され，その信用をもとに商品を購買したり，生活資金を借りたりした消費者が返済不能に陥って経済的損害を被る問題である。

2．消費者の権利

消費者問題の拡大に伴い，消費者は保護されるべき権利を持っているという考え方が生まれた。

（1）ケネディー（Kennedy, J.F.）による権利宣言

消費者の権利が明確に打ち出された最初が，1962年アメリカのケネディー大統領によって連邦議会に提出された「消費者の利益の保護に関する特別教書」であったといわれている[19)]。そこでは消費者の権利としてつぎの４つが取り上げられている。

① 安全を求める権利（the right to be safe）

健康や生命に危険を及ぼす商品の販売から保護される権利。

② 知らされる権利（the right to be informed）

商品に関する情報を正しく知らされるとともに，欺瞞的な情報やまぎらわしい情報から保護される権利。

③ 意見が聴かれる権利（the right to be heard）

政策決定者によって消費者の意見をくみ上げることが保障される権利。

④　自由選択の権利（the right to choose freely）

自由競争の下，多くの種類の商品を，満足のいく品質と適正な価格で入手することができる権利。

その後，消費者の権利は，国際消費者機構（International Organization of Consumer Union）によって拡張された。基本的ニーズの保障，安全，情報，選択，意見反映，救済，消費者教育，健康的環境という分野で消費者は権利を有するとした。救済を受ける権利や消費者教育を受ける権利が追加され，消費者保護の考え方が強化された[20]。

（2）消費者基本法における権利

現在我が国では，上記の消費者の権利を踏まえて，消費者基本法が施行されている[21]。同法の第2条では，つぎのような基本理念が謳われている。

「消費者の利益の擁護及び増進に関する総合的な施策（以下「消費者政策」という）の推進は，国民の消費生活における基本的な需要が満たされ，その健全な生活環境が確保される中で，消費者の安全が確保され，商品及び役務について消費者の自主的かつ合理的な選択の機会が確保され，消費者に対し必要な情報及び教育の機会が提供され，消費者の意見が消費者政策に反映され，並びに消費者に被害が生じた場合には適切かつ迅速に救済されることが消費者の権利であることを尊重するとともに，消費者が自らの利益の擁護及び増進のため自主的かつ合理的に行動することができるよう消費者の自立を支援することを基本として行われなければならない。」

これでは，安全の確保，選択機会の確保，必要な情報の提供，教育の機会，意見の政策への反映，被害の救済が権利として認められているのである。

3．消費者団体による流通への関わり

消費者問題から自らを守るための消費者の組織的活動は，消費者運動（consumer movement）と呼ばれる[22]。消費者運動の一環として消費者が組織的

に流通に関わることは，消費者が組織を形成して，それを通じて，商流，物流，情報流のコントロールに関わることである[23]。商流を中心に考えれば，そこには，消費者が組織的に，商品選択に必要な情報を得て，購買先を開拓し，良好な品質の商品を，適切な価格で，確実な取引契約を締結して，入手することにまつわるさまざまな活動が含まれる。

消費者組織は通常，消費者団体と呼ばれる。それには，地域の消費者で構成される任意の団体から，専門スタッフを常置させる本部機構を持つような大規模団体までさまざまなものが含まれる[24]。大規模組織のうち，広範な活動を行い，著名な存在なのが消費生活協同組合（consumer cooperative），すなわち生協である。ここでは，生協の活動を例にとって，消費者団体の流通への関わりを見ていこう。

（1）生協の歴史と種類

生協は，消費者の協同組合であり，消費者の社会的地位の向上と家庭生活の改善を目的としている[25]。そして，消費者が出資し，運営に関わり，利用する存在である。これは，消費者による自発的な組織であり，生活の協同を実現する組織である。

その歴史はつぎの通りである[26]。始まりは1844年イギリスのロッチデール公正開拓者組合（The Rochdale Society of Equitable Pioneers）にさかのぼる。それは労働者の相互扶助によるものであった。日本の最初の生協は1879年に誕生した。東京の共立商社と共益社，大阪の大阪共立商店である。その後，産業近代化が進み，労働運動が高揚する中で，労働者主体の生協組織が生まれた。現在につながる市民型生協の始まりは，1919年に設立された東京の家庭購買組合と神戸の神戸消費組合である。第2次世界大戦後，1948年，消費生活協同組合法（生協法）が制定された。1970年以降，消費者問題への関心の高まりから生協は注目され，女性中心の組織として飛躍を見せた。

生協にはつぎのような種類がある[27]。

① 地域購買生協

特定の地域組合員による生協（地域組合員の割合が70％以上）。

② 職域購買生協[28)]

特定の職域組合員による生協。

③ 学校生協

小，中，高等学校の教職員が組合員となっている生協。

④ 大学生協

大学生と大学教職員が組合員となっている生協。

⑤ 医療福祉生協

病院・診療所，介護事業所を中心に，医療福祉サービスを提供する生協。

⑥ 共済生協

火災・自動車・医療・生命共済など共済事業を行う生協。

⑦ 住宅生協

住宅の販売・斡旋を中心に，内装やリフォームなども手掛ける地域生協。

これらのうち，流通への関わりという点で重要なのが地域購買生協と職域購買生協である。特に，地域購買生協が生協の中心的存在となっている。

（2）生協の事業と活動

地域購買生協が関わっている主たる事業としては，つぎのものが挙げられる[29)]。

① 購買（供給）事業

食料品や日用品などの生活物資を組合員に供給する事業。これには商品開発事業も含む。

② 共済事業

組合員の生活上のリスクを保障する事業。医療，生命，火災，自動車などの分野にわたる。

③ 福祉事業

介護保険事業を中心に，組合員に福祉サービスを提供する事業。

④　サービス事業

組合員に各種サービスを提供する事業。主なものには，旅行事業，葬祭事業，文化事業（演劇やコンサートの開催，それらチケットの提供）がある。住宅改装，車検などのサービス仲介をしている例もある。

消費者の流通への関わりを示すのが購買（供給）事業である。つぎに，購買（供給）事業にまつわるさまざまな活動を記述していく[30)]。

購買（供給）事業は，消費者への供給形態によって，店舗供給事業と無店舗供給事業に分かれる。

店舗供給事業では，生協が店舗を設営する。そこで食料品や日用品などを組合員に供給するのである。一般的に，品揃えの中心は食料品であり，店舗構造や運営方法はスーパーマーケットを踏襲している。

無店舗供給事業は，共同購入活動と個配活動に分けられる。共同購入活動では，組合員は班と呼ばれる少人数のグループを結成し，班ごとで，本部から提示されたカタログ・リストの中から必要な商品を必要な量取りまとめて注文する。注文を受け，物流センターでは，班ごと・個人ごとに商品を仕分け，班ごとに商品を配送する。個配活動では，組合員がカタログ・リストの中から必要な商品を必要な量個別に注文し，個別に商品を受け取る。

購買（供給）事業においては，安全な農畜水産物を安定的に組合員に供給するため，生協は産直（産地直結）に力を入れてきた。産直とは，産地の生産者と生協とが提携し，卸売市場を経由しない直接取引をすることである。また，生協は，商品開発事業という生産への関わりも図っている。商品開発事業においては，多くの場合，生協は，独自で開発，もしくは生産者と共同で開発した商品の生産を生産者に委託し，それをプライベート・ブランド（private brand）として供給する。いわゆるCO・OPブランドである。開発に際しては，良好な品質の商品を適切な価格で消費者が安定的に入手できることが考慮される。

購買（供給）事業は商流と物流への消費者の組織的な関わりを示している。さらに，商品開発事業には，商流と物流への関わりに加え，生産への関わりも含まれている。

消費者の商品入手に関連して，情報流への関わりも見られる。生協は，組合員の商品選択を補助するため，消費者教育を行っている。これには学習会，産地・工場見学などが含まれる。また，組合員同士が生活情報を公開しあう交流会もそれに関連している。

【注】

1）Levy, M. and Weitz, B. A., *Essentials of Retailing*, Irwin, 1996, pp.61-67 を参考。

2）商品カテゴリーもしくはブランド・レベルで，あらかじめ購買の計画がないのに，消費者が，店舗内で，商品陳列やPOP広告などによって刺激されて，即座に購買決定することは，一般に衝動買い（impulse buying）と呼ばれる。この場合，消費者は，本章で示している商品購買プロセスを，順を追って経験しているとは言えないかもしれない。Piron, F., "Defining Impulse Purchasing," in R. H. Hollman and M. R. Solomon, ed., *Advances in Consumer Research,* Vol.18, Association for Consumer Research, 1991, pp.509-514. を参考。

3）消費者の買い物目的については，Tauber, E. M., "Why Do People Shop," *Journal of Marketing*, Vol.36, October, 1972, pp.46-59；Westbrook, R. A., "A Motivation-Based Shopper Typology, " *Journal of Retailing*, Vol.61, No.1, 1985, pp.78-103 を参考。

4）消費者の購買慣習による商品分類はコープランド（Copeland, M. T.）によって提示された。これについてはさまざまな見解があるが，ここでは，大橋のその整理を参考にしている。Copeland, M. T., "Relation of Consumer's Buying Habits to Marketing Methods," *Harvard Business Review*, Vol.1, No.3, 1923, pp.282-289；大橋正彦『小売業のマーケティング――中小小売商の組織化と地域商業』中央経済社，1995 年，34-61 頁。

5）専門品の識別については古くから論争がある。つぎのような解釈が良く知られている。専門品と最寄品との区別は，特定品目に固執するか，それとも品目間で代替可能かどうかによる（専門品は前者）。また，専門品と買回品との区別は，買い物出向前に特定品目に対する明確な選好が存在するかどうかによる（専門品は選好が存在する）。田村正紀「消費者の買物行動」鈴木安昭・田村正紀『商業論』有斐閣，1980 年，110 頁。

6）消費者が特定ブランドの購買に固執することはブランド・ロイヤルティ（brand loyalty）と呼ばれる。すなわち，強いこだわり（関与）を持って，消費者が特定ブランドを繰り返し購買することである。ブランド・ロイヤルティは，消費者の多大な買い物努力の結果起こるのかもしれない。しかし，消費者の特定ブランド購買が習慣化した場合，購買のための店舗出向には大きな努力を払うとしても，商品に関する情報探索には最小の努力しか払わないかもしれない。Levy and Weitz, *op. cit*., pp.60-61.

7）消費者の情報探索については，田村，前掲稿，110-111 頁を参考。

8）消費者にとって知覚リスクの低い商品が最寄品で，消費者が知覚リスクを比較的高く感じ，情報探索によってその軽減が見込まれる商品が買回品であるという考え方がある。専門品は消費者が知覚リスクを比較的高く感じ，情報探索によってそれが容易に軽減されない商品が専門品であるという考え方がある。石原武政「商品分類再訪――専門品とブランド品の区別を中心として」『経営研究』（大阪市立大学）第 53 巻第 4 号，2003 年，35-60 頁。

9）消費者の知覚リスク概念については，Jacoby, J. and Kaplan, L. B., "The Risk Components of Perceived Risk," in M.Venkatesan (ed.), *Advances in Consumer Research*, Association for Consumer Research, 1972, pp.382-393；神山進『消費者の心理と行動――リスク知覚とマーケティング対応』中央経済社，1997 年，200-202 頁を参照のこと。

10）消費者の買い物費用については，Bender, W. C., "Consumer Purchase Costs : Do Retailer Recognize Them," *Journal of Retailing*, Vol.40, Spring, 1964, pp.1-8 ; Kelly, E. J., "The Importance of Convenience in Consumer Purchasing," *Journal of Retailing*, Vol.33, July, 1958, pp.32-38. を参考。

11）消費者の買い物負担は，商品価格と買い物費用で構成される。小売業者が消費者の買い物負担を軽減するためには，商品価格を下げるか，価格以外の小売ミックスを工夫して買い物費用を軽減させるか，大きく分けて 2 つの方向性がある。江尻弘『流通論』〔改訂版〕中央経済社，1992 年，186-188 頁。

12）Huff, D. L., "Defining and Estimating a Trading Area," *Journal of Marketing*, Vol.28, July, 1964, pp.34-38.

13）Reilly, W. J., *The Laws of Retail Gravitation*, Nickerbocker Press, 1931.

14）Converse, P. D., "New Laws of Retail Gravitation," *Journal of Marketing*, Vol.14, 1949, pp.379-384.

15）経済学においては，そのような知識保有の格差を情報の非対称性（asymmetric information）と呼ぶ。最適な市場結果をもたらすとされる完全競争下では，売り手，買い手双方とも，偏りなく情報を共有していることが想定されている。しかし，売り手と買い手どちらか一方がより多くの情報を保有していることは現実に見られる。情報をより多く保有している取引当事者は，より少なく保有している取引当事者よりも有利に取引を進めることができる。

16）消費者問題発生の背景については，及川昭伍「消費者問題とは何か」国民生活センター編『消費社会の暮らしとルール――変貌する社会と消費者』中央法規，2000年，4-5頁を参考。

17) 消費者問題の種類については，多田吉三「消費者問題とは何か」多田吉三・大久保克子・西村晶子『消費者問題の理論と展開』晃洋書房，2002年，1-21頁を参考。

18) 国民生活センター『くらしの豆知識（2019年版）』国民生活センター，2018年，8-35頁に最新の事例が掲載されている。

19) 消費者の権利については，多田，前掲稿，7-10頁を参考。

20) 消費者保護の強化については，同上稿，33-34頁を参考。

21) 2006年改正時に，消費者保護基本法から改題された。

22) 消費者問題を解決するためには3つの方策が存在する。消費者運動，消費者行政，企業の自己規制的行動である。水野良象「消費者問題の本質と消費者保護基本法」『商大論集』兵庫県立大学，第20巻第4号，1968年，28-48頁を参考。

23) 流通への関わりで重要なのは商流コントロールへの関わりである。ただし，情報流のみ独立させてそのコントロールへ関わることが行われる。例えば，消費者の商品選択を補助するための商品テストの実施やその情報の公開，消費者問題や権利に関する啓蒙のための著書・雑誌の出版，消費者問題の告発，消費者教育のための学習機会の提供などがある。

24) 主婦連合会や全国地域婦人団体連絡協議会のような女性組織が著名である。

25) 生協の意義については，日本生活協同組合連合会編著『生協ハンドブック』〔2016年6月改訂版〕日本生活協同組合連合会，2016年，27-36頁を参考。

26) 生協の歴史については，斉藤嘉璋『現代日本生協運動小史』コープ出版，2003年；西村栄治「生活協同組合の日本的展開とマーケティング」マーケティング史研究会編『日本流通産業史――日本的マーケティングの展開』同文舘出版，2001年，106-137頁を参考。

27) 生協の種類については，日本生活協同組合連合会，前掲書，36-39頁；栗本昭「日本型生協の特質と現状，変化のトレンド」現代生協論編集委員会『現代生協論の探究（現状分析編）』コープ出版，2005年，15-37頁を参考。

28) 職域生協はさらに，一定地域組合員の割合が30－70%の居住地職域生協と，一定地域組合員の割合が30%未満の職場職域生協に分けられる。

29) 日本生活協同組合連合会，前掲書，51-87頁。

30) 横山雄太郎「生協の購買事業」現代生協論編集委員会『現代生協論の探究（現状分析編）』コープ出版，2005年，183-207頁；大木茂「生協の商品開発」同上書，231-259頁を参考。

参考文献

佐野美智子『消費入門――消費者の心理と行動，そして，文化・社会・経済』創成社，2013年。
消費者庁編『消費者白書』各年版。
田中洋『消費者行動の知識』日経新聞社，2010年。

第3章　小売業者

第1節　小売業者（retailer）とは何か

小売業者を捉えるため，小売業者の概念，小売業者の産出と活動，小売業者の競争を説明していく。ここでは，基本的に，店舗を構える小売業者を想定する。

1．小売業者の概念

小売（retail）と卸売（wholesale）との概念上の違いを踏まえたうえで，小売業者の概念について説明する。

（1）小売と卸売の違い

企業が販売を行うことについて，一般的に，小売と卸売に分けることができる。小売とは，本来は大きな単位のものを小さく切り取り，分けて販売することをいう。いわば小口の販売である。したがって，販売単位の大きさを小売と卸売とを区別する基準として考えることができるのだが，実際には，販売単位を，どこまでが大口で，どこまでが小口と区別するのかは曖昧である。

日本標準産業分類上は小売と卸売とを買い手によって区別する。買い手には3種類が存在する。すなわち，個人的使用や世帯の維持のために商品を購買する最終消費者（ultimate consumers，以下，消費者），生産活動のために商品を購買する産業使用者（industrial users），および再販売のために購買する再販売業者（resellers）である。消費者の個人的使用や世帯の維持のために商品を購買する消費者に対して販売することを小売といい，産業使用者や再販売業者（両方あわせて組織的購買者ともいう）に対して販売することを卸売という。

（2）小売業者の概念

小売業（retailing）とは消費者に直接有形の商品を販売する事業である。また，主として小売業を営む企業は，小売業者，小売企業，小売商などと呼ばれる。さらに，小売業を営むために設けられる事業所を小売店舗という[1)]。ただし，小売業といった場合，事業，企業，店舗，それぞれを区別せず総称することがある。

さて，小売，小売業，小売業者がそれぞれ意味するところの違いに注意する必要がある[2)]。小売は小売業者に専有の行為ではない。例えば，生産者がアンテナ・ショップなどの形で直営店を設営し，小売を行うことがある。また，卸売業者が消費者に対して小口販売を行うことがある。しかしながら，生産者や卸売業者が小売を行うことがあっても小売業者とは呼ばない。なぜならば，小売業者とは小売業を主として行う企業であるからである。

2．小売業者の産出と活動

小売業の産出である小売サービスと，小売業者特有の消費者への対応について説明する。

（1）小売サービス

小売業者は商品を顧客である消費者に提供しているが，原則として商品を生産しているのではない。小売業者はいったい何を産み出しているのだろうか。小売業者は流通サービスの１つである小売サービスを産み出しているのである。一般的に，小売業者によるサービスといえば，販売員による接客という意味に解されるが，小売サービスはそれだけにとどまらない[3)]。消費者に気に入られるような商品を品揃え，店頭や倉庫に商品を在庫して消費者に入手可能なようにし，消費者の商品選択を容易にするために商品情報を提供する。あるいは，販売後に商品を配達し，住居に据え付けるなどのさまざまな活動による顧客サービスも小売業者は消費者に提供している。これらは小売サービスに含めることができる。

小売サービスは，その直接の受け手である消費者に，商品購買・消費に関する解決（solution）を提供している。本来ならば，消費者が多くの生産者を訪ね，商品を探し出し，取引交渉して，売買契約を結ぶ。さらには，購入した商品を自宅に持ち帰り，消費しなければならない。これらに要する時間や金銭支出について，小売サービスによって，消費者は節約の機会を得ることができるという意味で，解決と捉えることができる。

小売サービスを提供するための活動は小売活動である。小売活動とは，つまりは小売段階で行われる流通活動なのである。活動を固有の領域ごとに取りまとめて構成した，活動の上位概念を機能と呼ぶが，小売活動は流通機能に取りまとめられる。小売業者は，同じく商業者に含められる卸売業者とともに，第１章で説明されている流通機能を専門的に担当している。

（２）最終消費への対応

小売業者は，卸売業者と同じく商業者であっても，消費者に商品を直接販売することが本質であるゆえに，つぎのような問題に対応しなければならない[4)]。

①　相対的購買金額の小ささ

顧客である消費者は，世帯の維持，個人的な使用のために商品を購買するゆえに，企業などの組織的購買者に比べて，１取引あたりの平均的な購買金額は小さい。さらに，各世帯は分散して存在している。

②　非計画的購買（unplanned buying）

消費者は店舗内で商品購買の意思決定を行うことが多い。

③　享楽的買い物行動（hedonic shopping）

消費者は，非日常感の追求，交友関係の促進，ストレス軽減など，楽しさを追求するために買い物行動を起こすことがある。

以上の問題に対して，小売業者はつぎのように対応する。まず，相対的な購

表３－１　小売ミックスの次元

次　元	要　素	
	店　舗	商業集積
品揃え	品質水準，幅と深さ	業種・業態構成
立　地	公共交通機関によるアクセス，自家用車・徒歩等によるアクセス，駐車・駐輪場	公共交通機関によるアクセス，自家用車･徒歩等によるアクセス，駐車・駐輪場
買い物環境	レイアウト，BGM，色，空調，休憩室，トイレ，エレベーター	レイアウト，モール，BGM，色，空調，休憩室，トイレ，エレベーター
プロモーションおよび付帯サービス	販売員活動，広告，パブリシティー，セールス・プロモーション，返品，配送，クレジット・カード	広告，パブリシティー，セールスプロモーション，レジャー施設
価　格	表示価格，割引き，値上げ	特売

出所：田村正紀「消費者の買物行動」鈴木安昭・田村正紀『商業論』有斐閣，1980年，91頁の表を改変。

買金額の小ささに対応して，販売員が消費者を個別に訪ねて販売を行うよりも，特定の場所に消費者を誘引して，集中して販売を行う方が，取引ごとにかかる費用は低くなるため，店舗を設営することが考えられる。また，非計画的購買に対しては，消費者が商品閲覧を便利に行えるように，商品陳列や情報提供において工夫する。さらに，享楽的買い物行動に対応して，商品購買時に，消費者に快適さや興奮を感じてもらえるように工夫する。店舗においては，消費者が回遊を便利に快適に行えるように，買い物環境の整備に関わるさまざまな活動が含まれることになる。したがって，店舗を設営する小売業者の小売サービスには，買い物環境の整備に関わる内容が含まれることになる。

（3）小売ミックス（retailing mix）

小売サービスの内容と水準，さらに取引条件を組み合わせて小売業のマーケティング･ミックス（marketing mix），すなわち小売ミックスが形成される。ター

図３－１　品揃えの幅と深さ

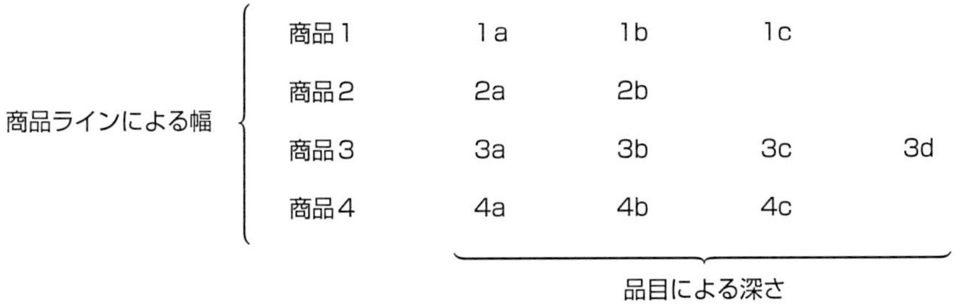

商品ラインによる幅					
	商品１	1a	1b	1c	
	商品２	2a	2b		
	商品３	3a	3b	3c	3d
	商品４	4a	4b	4c	
		品目による深さ			

ゲットのニーズに合わせた小売ミックスの決定こそが小売業のマーケティング戦略の決定なのである。小売ミックスは，表に示されているように，品揃え，立地，買い物環境，価格，付帯サービスを含めたプロモーション（promotion）の各次元に分けて，要素を整理することができる[5)]。表３－１では複数の小売店が集まって形成される商業集積の小売ミックスについても示している。

1）品揃え

商品の流通に関わる小売業者にとって非常に重要な次元である。まず，消費者の商品選択，小売業の管理という観点から，品揃えの幅と深さという要素は重要である（図３－１）。品揃えの幅とは相互に密接な関連を持っている商品のグループ（商品ライン）数のことであり，品揃えの深さとは同一商品ライン内の扱い品目数のことである。商品ライン数が多ければ幅の広い品揃えであるといい，少なければ浅い品揃えであるという。また，同一商品ライン内の扱い品目数が多ければ深い品揃えであるといい，少なければ浅い品揃えであるという。品揃えの品質水準という要素は，大衆品，高級品など商品のグレード（grade）に関係しており，小売業者の格づけにつながる。

2）立　地

品揃えと並んで小売業者にとって重要な次元である。店舗に消費者を誘引できるかどうかは立地に左右されるところが大きい。消費者は，立地については，買い物起点からの距離を重視するが，鉄道，バスなどの公共交通機関，自家用車，自転車，徒歩などの移動手段によるアクセスの容易さという点をも評価する。公共交通機関については，発着地点から店舗までの距離や，交通機関の発着頻度などがアクセスの容易さを規定するだろう。自家用車については，道路の整備状況や混雑状況，さらには駐車場の整備状況などがアクセスの容易さを規定するだろう。

3）買い物環境

消費者の店舗内での回遊に対応して整備される。レイアウトをはじめとして，エレベーター，トイレ，BGM，色，空調などの要素が含まれる。

4）プロモーションおよび付帯サービス

商品に関する情報提供を主眼として，広告，店舗内における販売員による接客，陳列，セールス・プロモーションなどの要素によって，消費者の商品に関する情報探索を助け，さらには需要を喚起する。なお，店舗内における販売員による接客をなくしたセルフサービス販売もプロモーションの１つのパターンである。なお，ここでは返品，配送，クレジットなどの付帯サービス要素もプロモーション要素と一括りにする。

5）価　格

商品価格の提示を要素とする。初期に決定された価格の提示のみならず，割引，値上げも含まれる。

３．小売業者の競争

小売業者が関わる競争には，小売市場における競争と垂直的競争（vertical competition）が存在する[6)]。

（1）小売市場における競争

小売業者は小売ミックスを武器に，消費者の愛顧（patronage）の獲得をめぐって，他の小売業者と競争する。小売業者は消費者愛顧の獲得を通して売上の増大，さらには利益の極大化を目指すのである。個々の小売業者は，店舗において，品揃え，価格，プロモーションおよび付帯サービス，立地，買い物環境に工夫を凝らし，競争者よりも差をつけて，消費者を引き付けるうえでより有利な立場に立とうとするのである。このような対応は差別的優位性（differential advantage）の追求と呼ばれる[7)]。個々の小売業者がそれぞれ小売ミックスについて工夫を凝らしていけば，消費者が接する小売ミックスは非常に多様になるが，実際にはいくつかのタイプを認めることができ，それは小売業態（この場合は営業形態）として識別されるのである。

同じタイプに属すると認められる小売店間の消費者愛顧の奪い合い，つまり，同じ業態（あるいは業種）に属する小売店間で起こる競争は水平的競争（horizontal competition）と呼ばれる。例えば，スーパーマーケット（supermarket）に属すると考えられている小売店間の競争である。

違ったタイプに属する小売店間の消費者愛顧の奪い合いは異形態間競争（inter-type competition）と呼ばれる。例えば，スーパーマーケットと百貨店（department store）との間の競争である。もっとも，異形態間競争はいうまでもなく，水平的競争においても，小売店間では小売ミックスの差異は認められ，両者の違いは「程度の差」であるといえる[8)]。

なお，現在では，多くの店舗は商業集積の中に立地している。つまり，店舗間の競争は，多くの場合，商業集積間競争として捉えることができる。

（２）垂直的競争

流通チャネル内の異なった段階に位置している構成員である，小売業者，卸売業者，生産者の間で，流通チャネルの支配をめぐって争うことは垂直的競争と呼ばれる[9)]。流通チャネルの支配とは，流通チャネルの特定の構成員が他の構成員の決定に影響を与え，さらには自らにとっては望ましい指示に他の構成員を従わせることである。例えば，生産者が自らにとって望ましいマーケティング戦略の遂行のために，流通チャネル内の卸売業者や小売業者に対して，販売価格や販売方法などについて指示を出し，服従させ，自らのマーケティング戦略遂行に協力させる場合は，生産者は流通チャネルを支配しているということになる。

流通チャネル支配は構成員の勢力（power）に基づいて争われる。勢力は構成員間の依存によって規定される[10)]。例えば，小売業者が生産者に依存している場合，生産者は小売業者に対して勢力を持っている。逆に，生産者が小売業者に依存している場合，小売業者は生産者に対して勢力を持っている。

それでは，構成員間の依存と勢力はどのように捉えることができるのだろうか。構成員Ａと構成員Ｂが存在しているとして，ＡにとってＢが保有している経営資源や能力などが重要であればあるほど，さらに，ＡがＢ以外からは必要とする経営資源や能力を入手できなければできないほど，ＡはＢに依存している。つまり，ＢはＡに対して勢力を持っている。逆では，ＡがＢにとって重要な経営資源や能力を保有しており，ＢはＡ以外からは必要とする経営資源や能力を入手することが困難である場合には，ＡはＢに対して勢力を持つことになる。

例えば，生産者が，広告などによって，自社ブランド（brand）について消費者のロイヤルティ（loyalty）を獲得する能力を保有しており，小売業者は品揃えにそのブランドを欠くことができないような場合，生産者は小売業者に対して勢力を持っており，小売業者の支配におよぶかもしれない。あるいは，小売ミックスを通して消費者の愛顧を獲得している小売業者が多数の店舗を設営し，大きな商品販売能力を保有するようになって，生産者が商品の売れ行きをその小売業者の販売能力に依存する場合，小売業者は生産者に対して勢力を持っており，生産者の支配におよぶかもしれない[11)]。

以上は取引に関する依存と表現することができる[12)]。その他に，情報処理能力に対する依存についても観察することができる。直接的に消費者と接する小売業者が消費者の購買行動に関するデータの収集・分析について高い能力を有しており，生産者が商品開発のために小売業者の消費者データに依存するような場合である。POS システムが小売業者間に普及してきたことによって，小売業者の情報処理能力が向上し，生産者がそれに依存する事例が増えてきている。

流通研究においては，流通チャネルにおける勢力基盤を，報酬，制裁，専門性，一体性，正当性に分類してきた[13]。これは，第５章において解説する。

近年，小売業者のプライベート・ブランド（private brand）開発によって垂直的競争は激化している。プライベート・ブランドとは，商業者が開発する独自ブランドのことで，生産者のブランドであるナショナルブランド（national brand）と対比される。基本的に自らで生産をしない小売業者は，品揃え上の差別化や価格のコントロールのため，プライベート・ブランド開発に乗り出すことがある。その開発において，小売業者が商品の仕様を決定し，生産者に生産委託するのが通例である。それは，流通チャネルの支配につながる。流通チャネルの支配をめぐって，有力な生産者はその小売業者の動きに対抗するかもしれない。

第２節　小売業者の社会的役割

小売業者の社会的役割を，消費者に対するもの，生産者・卸売業者に対するもの，地域社会に対するものに分けて説明する[14]。

１．消費者に対する役割

小売業者は，消費者になり代わって流通機能を専門的に担当する立場にあるが，その際，小売業者は消費者の購買代理人という立場を取ることで，消費者の負託に応えることができるのである。つまり，小売業者の消費者に対する役割は消費者の購買代理人という役割を担うことであり，その役割を十分に担うことが存在意義を勝ち得ることにつながるのである。

消費者の購買代理人として小売業者は，つぎのような側面において消費者に対する役割を果たしている[15]。

①　消費者が望む品揃えの実現

消費者の望む商品を消費者にとって入手可能なように取り揃え，在庫することが含まれる。これには，有害・欠陥商品を取り除き，人々の暮らしを豊かにするような商品を取り扱うことや，過剰な包装などを避けて自然環境に配慮することも含まれる。

② 消費者が望む購買状況の創出

消費者の生活条件や購買商品からして，便利で快適な購買場所で，便利な時間に，消費者が購買できるようにすることが含まれる。これには，店舗における雰囲気作りなど，買い物環境への配慮も含まれる。

③ 消費者が必要とする適切な商品情報の伝達

消費者が商品を選択する際に，消費者の生活条件からして必要な適切な情報を，適切な手段で伝達することを含む。これには，うそや誇大な情報，あるいは説明不足を取り除くことを含む。また，消費者が気付かない商品の利用方法や新しいライフ・スタイルを提案することなども含む。

④ 消費者にとって適切な価格での商品の提供

品揃えた商品について，消費者の経済条件からして適切な価格を付けることが含まれる。これには，消費者の知識不足につけ込んで不当に高い価格を付けたり，無理な顧客誘引のために不当に低い価格を付けたりはしないことも含まれる。

⑤ 消費者にとって必要なさまざまな付帯サービスの提供

代金の支払い手段，配達，商品調整・修理，返品など，消費者の生活・経済条件や購買商品からして必要と思われる付帯サービスにおけるさまざまな工夫が含まれる。

2．生産者・卸売業者に対する役割

小売業者は，消費者になり代わって流通機能を専門的に担当する立場にあるが，一方で生産者になり代わって流通機能を専門的に担当したり，あるいは卸売業者と協力して流通機能を専門的に担当したりする立場にあるとも考えられる。小売業者の生産者・卸売業者に対する役割は生産者・卸売業者の販売代理人であり，その役割を十分に担うことが存在意義を勝ち得ることにつながるのである。

生産者・卸売業者の販売代理人としての小売業者は，つぎのような側面で生

産者・卸売業者に対する役割を果たしている。

①　顧客開拓

消費者に精通する小売業者が，生産者・卸売業者の商品の潜在顧客となる消費者を探し出し，当該商品を消費者に推奨することによって，購買を刺激して取引締結を実現することである。これは需要の創造を含む。需要創造は生産の促進につながる。

②　消費者情報の収集

消費者と直接接触していることを通して，小売業者が，商品の供給に必要な情報を収集して，生産者・卸売業者に提供することである。これによって生産者・卸売業者の商品供給を支援することになる。商品供給を支援する情報は，どのような商品が，どのような時期に，どのような消費者によって，どのような取引条件で受け入れられているのかということが含まれる。そのことは，生産段階で，より効率的で，より消費者満足を実現する商品の実現につながる。

３．地域社会に対する役割

小売業者が地域の経済に対して雇用の創出という役割を果たしていることは，小売業者の地域に対する役割として重要であるが，小売業者の地域に対する役割はそれだけにとどまらない。店舗を設営する小売業者は，その店舗が地域の街並みを構成する要素となることから，地域におけるまちづくりを進めるという役割を担う[16)]。特に，複数の店舗が寄り集まって商業集積を形成している場合には，行政，交通，教育，医療などの機関と調和を図って，人々が暮らしやすい街の維持・形成に貢献することは非常に重要である。小売業者のまちづくりへの貢献はつぎのような点で認められる。

①　にぎわいの創出

小売店が集客装置として，街に人を呼び寄せることである。

②　景観の維持

周囲の景観と調和した建物を店舗として建築することで，人々の望む街の景観を形成する。歴史的建造物が多数残っている地域では特に配慮が必要であり，さらに商店街自体が歴史的価値を持つ場合にも同様である。また，清掃・ごみ処理などに関わっていくことも景観維持にとっては重要である。

③　治安の維持

小売業者が自らの店舗内のみならず，地域の防犯に努めることがある。とりわけ，経営者や従業員が店舗に近接して住居を構えている場合（職住一体）には，経営者や従業員が自警して地域の防犯に努めることがある。

④　地域文化の伝承・発展

祭りなどの文化的行事に金銭面や人員面で支援することで，地域文化の伝承・発展に関わることがある。

⑤　災害時の復興拠点

社会的分業の結果，多くの地域住民は生活物資を外部から入手しなければ生活を維持できない。また，その入手先は基本的に小売業者である。小売業者が，地域住民に対し，生活物資の供給を継続することによって，その生活の維持に貢献する。災害時に，小売業者が生活物資の供給をその店舗において継続することは，地域社会の復興に貢献する。これは，消費者に対する役割に関連する。

第3節　小売業者の分類

小売業者の分類として，業種，業態を説明する。さらに，小売店の集積である商業集積の分類についても説明していく。

1．業　種

小売業者の業種（type of business）とは，小売業者が取り扱っている商品の種類による分類のことである。商業統計においては日本標準産業分類にしたがって，階層を持って，小売業種が分けられている（表３－２）。分類に際してはメインの原則が適用されている。メインの原則というのは売上高の半分以上を占

表３－２　2014年小売業の業種別事業所数と構成比

業種	事業所数	構成比（%）
各種商品小売業		
百貨店，総合スーパー	1,608	0.2
その他の各種商品小売業（従業者が常時 50 人未満のもの）	2,064	0.3
織物・衣服・身の回り品小売業		
呉服・服地・寝具小売業	12,865	1.7
男子服小売業	13,262	1.7
婦人・子供服小売業	49,074	6.3
靴・履物小売業	8,771	1.1
その他の織物・衣服・身の回り品小売業	26,623	3.4
飲食料品小売業		
各種食料品小売業	22,116	2.9
野菜・果実小売業	15,220	2.0
食肉小売業	9,467	1.2
鮮魚小売業	11,118	1.4
酒小売業	28,287	3.6
菓子・パン小売業	47,095	6.1
その他の飲食料品小売業	103,422	13.3
機械器具小売業		
自動車小売業	56,981	7.4
自転車小売業	9,185	1.2
機械器具小売業（自動車，自転車を除く）	35,836	4.6
その他の小売業		
家具・建具・畳小売業	15,816	2.0
じゅう器小売業	11,081	1.4
医薬品・化粧品小売業	70,471	9.1
農耕用品小売業	10,736	1.4
燃料小売業	41,653	5.4
書籍・文房具小売業	29,115	3.8
スポーツ用品・がん具・娯楽用品・楽器小売業	17,092	2.2
写真機・時計・眼鏡小売業	17,753	2.3
他に分類されない小売業	79,803	10.3
無店舗小売業		
通信販売・訪問販売小売業	21,476	2.8
自動販売機による小売業	2,830	0.4
その他の無店舗小売業	4,376	0.6
計	775,196	100.0

出所：経済産業省大臣官房調査統計グループ編『平成 26 年商業統計表第１巻産業編（総括表）』経済産業統計協会，2016 年より。

める商品によって分類する原則のことである[17]。

小売業種が多様に分かれていくのは，商品によって，その性格からして，取り扱い方法，必要な商品知識や設備，取引条件が異なっているため，特定の商品を専門的に取り扱ったほうが小売業務について効率化するからである[18]。例えば，衣料品と食料品では，取り扱いに必要とされる商品知識が当然違い，陳列台など必要な設備も違ってくる。さらに，食料品においても，乾物と生鮮食料品とでは，冷蔵装置の有無，取り扱い方法などの点で同じではない。

取り扱い方法，必要な商品知識や設備，取引条件などの異同によって，特定の商品取り扱いに専門化することは，生産についても同様で，流通段階での業種の分化は生産の専門化に影響を受けているといえる。

また，業種分化の程度は市場の規模に制限される。一定の商圏内に十分な購買力がない場合，小売業者は特定業種に絞って販売を行っても満足な売上高を得ることができず，むしろさまざまな商品を取り扱って，売上高を確保しようとすると考えられる[19]。

2．業　態

業態概念を説明した後，業態に関するいくつかの分類について説明していく。

（1）業態とは何か

業種は取り扱っている商品の種類による分類であるが，小売業者における業態（type of operation）は小売業者の運営方法による分類なのである。小売業態，あるいは小売形態などという場合，3つの側面で捉えることができる[20]。すなわち，営業形態，経営形態，企業形態である。なお，一般的に小売業態という場合には，営業形態，すなわちマーケティング戦略のパターンを指し，とりわけ店舗において実現されるマーケティング戦略のパターンを指すことが多い。

（2）営業形態別分類

営業形態別分類は，店舗の有無を含め，小売業者のマーケティング戦略のパターンによる分類である。小売業者は競合者との競争上，優位に立つために，小売ミックスに含まれるさまざまな活動を多様に変化させ，工夫を凝らす。その結果，さまざまなマーケティング戦略を実現する小売業者が出現することになる。しかし，小売業者は競争上，優位に立っている競合者の活動を模倣して，自らの競争優位性を向上させようとする場合が多いことから，いくつかの似たようなパターンのマーケティング戦略を採用する小売業の集まり，いわば戦略グループが認められるようになる。この戦略グループが営業形態ということになるのである。

しかしながら，営業形態の分類と把握は非常に難しい。なぜならば，小売業者は小売ミックスに含まれるさまざまな要素としての活動を日々刻々と変化させるため，ある時点で分類した営業形態は，時間が経過するにつれ，違ったものに変化していってしまうからである。

ここでは，現在，我が国において一般的に認められている代表的な営業形態の特徴を，有店舗形態と無店舗形態に分けて簡単に示す[21]。

1）有店舗形態

①　百貨店

買回品や専門品を中心とした衣食住にわたるさまざまな商品を幅広く品揃え，商品の仕入れ・販売にあたっては商品部門（department）別に管理することを基本とする営業形態である。幅広い品揃えによって，顧客は一度の出向で必要なものを買い揃えることができるワン・ストップ・ショッピング（one stop shopping）の便利さを享受することができる。多くの場合，部門ごとに広い売り場を持つ大規模な店舗が大都市の中心地に立地している。販売に際しては，販売員による商品に関する情報提供をはじめとした十分な接客を展開し（完全サービス），さらに，売り場は顧客の回遊に際して快適さを提供できるように設計している。商品の価格水準は高い。

②　スーパーマーケット

肉・野菜・魚などの生鮮食料品を含む食料品を中心に，最寄品に含まれる日常生活上の必需品を幅広く取り揃え，販売に際しては接客のないセルフサービスを採用し，営業費用を低く抑えて低価格訴求を行い，大量販売を実現している営業形態である[22]。食料品についてワン・ストップ・ショッピングが実現している。郊外の道路沿いに店舗を設営し，自動車を利用して出向可能なように，広い駐車場を用意する場合が多い。

③　総合スーパー

GMS（general merchandise store），量販店とも呼ばれる。衣食住にわたるさまざまな商品を幅広く品揃えて，販売に際しては，セルフサービスを採用し（一部接客あり），営業費用を低く抑えて低価格訴求を行い，大量販売を実現している営業形態である。多くは大規模な売場と駐車場を持つ店舗を郊外の道路沿いに設営し，百貨店と同様，ワン・ストップ・ショッピングの便利さを顧客に提供している。

④　コンビニエンス・ストア（convenience store）

食料品（基本的に生鮮食料品以外の食料品が中心），雑貨品など日常生活上の必需品を最低限品揃え，販売に際して，セルフサービスを採用している営業形態である。年中無休，長時間営業（24時間も珍しくない）を基本として，住宅地周辺に店舗を設営する。近隣の消費者にとっては，欲しいときに，いつでも生活に必要な最低限度の商品が入手可能な，まさに便利な店というイメージを一般的に持たれている。商品の価格水準はスーパーマーケットなどに比べて高い。

⑤　ディスカウント・ストア（discount store）

ディスカウンターとも呼ばれる。衣料品や家電製品などの非食料品分野の商品を品揃え，販売に際してはセルフサービスを採用して，低価格訴求，大量販売を実現している営業形態のことである[23]。低価格の実現のために，郊外の地価の安い地点に簡素な店舗を設営することが多い。

⑥　専門店（specialty store）

専門品や買回品を中心に，限定された商品分野や対象顧客に専門化して，幅が狭くて深い品揃えを実現し，販売に際しては，販売員による商品に関する情報提供をはじめとした十分な接客（完全サービス）を展開するような営業形態である。商品の価格水準は高い。生業として営まれる，いわゆる「一般小売店」が専門店として認識される場合もある。

２）無店舗形態

① 通信販売業（mail-order sales）

通信媒体（テレビ，ラジオ，新聞，雑誌，郵便，電話，インターネットなど）を利用して，顧客との接触，商品情報の提供，さらには受注までも行う営業形態である。

② 訪問販売業（door-to-door sales）

販売員が顧客と接触し，商品情報を提供し，さらには受注までも行う営業形態である。

（３）経営形態別分類

経営形態別分類は，小売業者の店舗の展開方法を中心とした経営方法の分類である。経営形態は，店舗展開の数，他企業との組織化の有無によって分類することができる[24)]。

１）店舗展開の数による分類

複数の店舗を設営するのかどうかによって，経営形態をつぎの２つに分類することができる。

① 単一店舗経営

１つの店舗のみを設営する経営形態である。

② 複数店舗経営

２つ以上の店舗を設営する経営形態である。さらに，複数店舗経営は，各店舗を統制する方法によって，つぎの２つに分けることができる。

a. チェーン・ストア経営（chain store）

小売業者の基本機能である商品仕入れと販売とを組織上分離させる経営形態のことである。中央本部が各店舗（単位店舗）の仕入活動を集中･一括して，大量仕入を実現し，在庫商品の保管，配送，広告などを行う一方，各店舗は中央本部の経営方針に従い，販売活動に専念するというチェーン・オペレーション（chain operation）を採用し，複数店舗を設営するのである。日本ではレギュラー・チェーン（regular chain）と呼ばれることが多い。

b. 本・支店経営

チェーン・ストア経営とは異なり，中央本部（本店）による各店（支店）の統制はゆるやかで，支店は仕入活動，販売活動をはじめとした経営活動の独立性を認められている経営形態のことである。

2）組織化の有無による分類

経営に際して，組織化という形で他企業と関係を持ち合うかどうかによって，経営形態をつぎの２つに分類することができる。

① 独立経営

小売業経営において，他企業と組織化という形で関係することなく，単独で行う経営形態である。

② 組織化に基づく経営

小売業経営において，他企業と組織化という形で関係して行う経営形態である。これは，制度的に独立している複数の小売業者（卸売業者が含まれる場合もある）が，契約によって協業を目的とした組織を形成し，その組織を通じて，小売業を経営するというものである。その組織として，つぎの２つが存在する。

a. ボランタリー・チェーン（voluntary chain or cooperative chain）[25)]

制度的に独立している複数の小売業者（卸売業者が含まれる場合もある）が互いの独立性を維持しながら，商品仕入れ，広告，人材教育，情報処理などの経営活動を共同化し，規模の利益を享受することを目的とする組織である。

b. フランチャイズ・チェーン（franchise chain）

主宰者であるフランチャイザー（franchiser）が，フランチャイズ契約によって，加盟店であるフランチャイジー（franchisee）に対して，特定商品の取り扱い，のれんの使用，あるいは特定事業活動を行うための権利を与え，また経営指導，共同広告の実施などの便宜を与え，その見返りとして，フランチャイジーがフランチャイザーに対して加盟料や手数料を支払うという組織である。

（４）企業形態別分類

企業形態別分類は，出資方法や出資目的による分類であり，小売業者は企業形態別に，つぎの３つに大きく分類することができる[26]。

①　個人組織

出資者が１人である企業形態である。

②　会社組織

２人以上によって出資されて運営される企業形態である。会社組織には，合名会社，合資会社，合同会社，株式会社がある。

③　協同組合組織

複数の小規模事業者あるいは消費者が，経済活動の相互扶助と経済的地位の向上を目的として出資し，経済活動を協同して行う非営利の組織である。主なものには，消費生活協同組合，事業協同組合，農業協同組合などがある。

３．商業集積

小売店は，単独で立地していることがあるが，多くの場合，他の小売店と近接し合って立地している。多数の小売店が特定地区に密集して立地しているとき，一般にそれは商業集積と呼ばれる。商業集積は成立・運営の計画性によって，商店街（shopping street or district）とショッピング・センター（planned shopping center or mall）に分けることができる。

（１）商店街

商店街は都市の一定地域内に歴史的に自然発生した商業集積である。構成される小売店は主に中小小売店である。多くの商店街は住宅地や鉄道駅周辺に位置している。商店街は商圏規模や立地場所によって分類することができる。ただし，以下の分類は相対的なものである。

１）商圏規模による分類[27]。

①　近隣型（neighborhood）

地域住民の日常的な買い物に対応して形成される。食料品や日用雑貨品などの最寄品小売店中心の店舗構成で，コンビニエンス・ストアを含む中小小売店が主力であるが，核店舗としてスーパーマーケットが存在することがある。商圏は狭い。

② 地域型（community）

大都市の周辺部や小都市の中心部に形成される。食料品や日用雑貨品などの最寄品小売店に加え，衣料品，家具などの買回品小売店が含まれる。その他に，飲食店，理・美容店，銀行などのサービス施設などが含まれる。商圏は近隣型よりはやや広い。

③ 広域型（regional）

県庁所在地クラスの都市中心部に形成される。買回品小売店中心の構成で，百貨店や総合スーパーが核店舗として存在する。その他に，飲食店，理・美容店，銀行，映画館，ホテルなど各種サービス施設などが含まれる。商圏は広い。

④ 超広域型（super regional）

政令指定都市クラスの都市中心部に形成される。買回品小売店中心の構成で，複数の百貨店や総合スーパーが核店舗として存在する。その他に，飲食店，理・美容店，銀行，映画館，ホテルなど各種サービス施設などが含まれる。商圏は非常に広い。全国的な知名度を誇るものもある。

2）立地場所による分類

① 駅前型

鉄道の駅に近接する商店街である。主に駅の乗降客を顧客とする。

② 住宅地型

住宅地に近接する商店街である。主に周辺住民を顧客とする。

③ 門前型

社寺に近接する商店街である。主に社寺の関係者や参拝客を顧客とする。

④ 観光地型

観光施設に近接する商店街である。主に観光客を顧客とする。

（2）ショッピング・センター

ショッピング・センターは，開発者（developer）によって，計画的に，統一的に建設され，運営される商業集積である[28]。その規模と商圏によってつぎの3つに分けられる。ただし，以下の分類は相対的なものである。

1）商圏規模による分類[29]

① 近隣型（neighborhood）

日常生活に必要な最寄品販売を基本としている。スーパーマーケットをキー・テナント（key tenant）にすることが多い。その他，食料品，医薬品，日用雑貨品などを販売する小売店で構成される。住宅地近くに立地する。商圏は狭い。

② 地域型（community）

食料品や日用雑貨品に加え，衣料品，家具などの買回品が販売される。総合スーパーをキー・テナントにすることが多い。その他，最寄品，買回品を販売する小売店で構成される。小売店以外に，飲食店や美容店などサービス施設が含まれることがある。都市郊外に立地する。商圏は広い。

③ 広域型（regional）

最寄品，買回品が総合的に販売される。総合スーパー，百貨店，ディスカウント・ストアなど複数のキー・テナントが存在していることが多い。その他，最寄品，買回品を販売する小売店と，飲食店，美容店，映画館などのサービス施設で構成される。県庁所在地クラスの大都市郊外に立地することが多い。商圏は広い。

④ 超広域型（super regional）

最寄品，買回品が総合的に販売される。総合スーパー，百貨店，ディスカウント・ストアなど複数のキー・テナントが存在していることが多い。その他，最寄品，買回品を販売する小売店と，飲食店，美容店，映画館，ホテルなどのサービス施設で構成される。政令指定都市や県庁所在地クラスの大都市郊外に立地することが多い。商圏は非常に広い。

2）設置場所による分類

① 郊外型

郊外に立地する。道路沿いに立地し，店舗に大きな駐車場が併設される。

② 駅ビル

駅の駅舎に併設されたビル。小売店を中心に飲食店などがそのテナントとなっている。

③ 地下街

地下に設置された不特定多数の通行のための歩道に面して小売店とサービス施設が並ぶ。多くは都市のターミナル駅につながる場所に存在している。

第４節　小売業の構造

小売業の構造は，業種，従業者規模，業態，経営組織，地域などで捉えることができる。ここでは，一例として，主に2014年の商業統計を使って，業種別に，事業所数，年間商品販売額，売場面積，従業者数に焦点を当てて，わが国全体の小売業の構造を簡単に見ていく[30)]。なお，商業統計表では小売業は事業所レベルで把握されている。

１．事業所数

表３－２によれば，2014年の小売業の事業所総数は，775,196である。業種別に事業所数をみると，最も多い業種は，10万3,422事業所を数えるその他の飲食料品小売業（構成比13.3%）である。これにはコンビニエンス・ストアが含まれている。2番目に多い業種は7万9,803事業所の他に分類されない小売業（構成比10.3%）である。これにはホームセンターが含まれている。3番目に多い業種が7万471事業所の医薬品・化粧品小売業（構成比9.1%）である。これにはドラッグストアが含まれている。

表３－３　2014年小売業の業種別年間商品販売額と構成比

業種	年間商品販売額（億円）	構成比（%）
各種商品小売業		
百貨店，総合スーパー	109,364	9.0
その他の各種商品小売業（従業者が常時50人未満のもの）	5,801	0.5
織物・衣服・身の回り品小売業		
呉服・服地・寝具小売業	4,755	0.4
男子服小売業	11,756	1.0
婦人・子供服小売業	40,857	3.3
靴・履物小売業	6,409	0.5
その他の織物・衣服・身の回り品小売業	19,956	1.6
飲食料品小売業		
各種食料品小売業	148,339	12.1
野菜・果実小売業	8,614	0.7
食肉小売業	5,839	0.5
鮮魚小売業	5,846	0.5
酒小売業	13,538	1.1
菓子・パン小売業	18,503	1.5
その他の飲食料品小売業	121,388	9.9
機械器具小売業		
自動車小売業	145,118	11.9
自転車小売業	1,846	0.2
機械器具小売業（自動車，自転車を除く）	79,679	6.5
その他の小売業		
家具・建具・畳小売業	11,402	0.9
じゅう器小売業	3,782	0.3
医薬品・化粧品小売業	99,503	8.1
農耕用品小売業	16,154	1.3
燃料小売業	134,308	11.0
書籍・文房具小売業	27,601	2.3
スポーツ用品・がん具・娯楽用品・楽器小売業	19,376	1.6
写真機・時計・眼鏡小売業	9,404	0.8
他に分類されない小売業	76,172	6.2
無店舗小売業		
通信販売・訪問販売小売業	58,818	4.8
自動販売機による小売業	9,724	0.8
その他の無店舗小売業	7,917	0.6
計	1,221,767	100.0

出所：経済産業省大臣官房調査統計グループ編『平成26年商業統計表第１巻産業編（総括表）』経済産業統計協会，2016年より。

表３－４　2014年小売業の業種別売場面積と構成比

業種	売場面積（平方メートル）	構成比（%）
各種商品小売業		
百貨店，総合スーパー	17,308,526	12.8
その他の各種商品小売業（従業者が常時50人未満のもの）	1,114,036	0.8
織物・衣服・身の回り品小売業		
呉服・服地・寝具小売業	1,301,473	1.0
男子服小売業	3,044,389	2.3
婦人・子供服小売業	8,507,202	6.3
靴・履物小売業	1,169,749	0.9
その他の織物・衣服・身の回り品小売業	5,550,823	4.1
飲食料品小売業		
各種食料品小売業	17,964,420	13.3
野菜・果実小売業	1,304,219	1.0
食肉小売業	569,570	0.4
鮮魚小売業	645,890	0.5
酒小売業	1,899,587	1.4
菓子・パン小売業	2,235,087	1.7
その他の飲食料品小売業	11,801,694	8.8
機械器具小売業		
自動車小売業	3,008,199	2.2
自転車小売業	849,421	0.6
機械器具小売業（自動車，自転車を除く）	8,934,736	6.6
その他の小売業		
家具・建具・畳小売業	4,809,074	3.6
じゅう器小売業	1,035,339	0.8
医薬品・化粧品小売業	8,865,477	6.6
農耕用品小売業	1,723,512	1.3
書籍・文房具小売業	3,757,223	2.8
スポーツ用品・がん具・娯楽用品・楽器小売業	4,175,162	3.1
写真機・時計・眼鏡小売業	1,331,083	1.0
他に分類されない小売業	21,194,621	15.7
計	134,854,063	100.0

注：燃料小売業は除いている。無店舗小売業は対象外

出所：経済産業省大臣官房調査統計グループ編『平成26年商業統計表第1巻産業編（総括表）』経済産業統計協会，2016年より。

表3－5　2014年小売業の業種別従業者数と構成比

業種	従業者数（人）	構成比（%）
各種商品小売業		
百貨店，総合スーパー	3,332,639	5.7
その他の各種商品小売業（従業者が常時50人未満のもの）	23,108	0.4
織物・衣服・身の回り品小売業		
呉服・服地・寝具小売業	43,719	0.8
男子服小売業	63,017	1.1
婦人・子供服小売業	241,202	4.2
靴・履物小売業	33,656	0.6
その他の織物・衣服・身の回り品小売業	145,697	2.5
飲食料品小売業		
各種食料品小売業	740,080	12.7
野菜・果実小売業	68,186	1.2
食肉小売業	46,232	0.8
鮮魚小売業	44,102	0.8
酒小売業	81,063	1.4
菓子・パン小売業	265,721	4.6
その他の飲食料品小売業	963,971	16.6
機械器具小売業		
自動車小売業	419,418	7.2
自転車小売業	21,390	0.4
機械器具小売業（自動車，自転車を除く）	222,752	3.8
その他の小売業		
家具・建具・畳小売業	69,082	1.2
じゅう器小売業	33,809	0.6
医薬品・化粧品小売業	448,547	7.7
農耕用品小売業	54,560	0.9
燃料小売業	259,453	4.5
書籍・文房具小売業	361,600	6.2
スポーツ用品・がん具・娯楽用品・楽器小売業	103,511	1.8
写真機・時計・眼鏡小売業	65,664	1.1
他に分類されない小売業	430,301	7.4
無店舗小売業		
通信販売・訪問販売小売業	172,131	3.0
自動販売機による小売業	24,172	0.4
その他の無店舗小売業	32,142	0.6
計	5,810,925	100.0

出所：経済産業省大臣官房調査統計グループ編『平成26年商業統計表第1巻産業編（総括表)』経済産業統計協会，2016年より。

2．年間商品販売額

表３－３によれば，2014年の小売業の総年間商品販売額は，122兆1,767億円である。業種別に年間商品販売額をみると，最も高いのは14兆8,339億円を数える各種食料品小売業である（構成比12.1%）。これにはスーパーマーケット（食品スーパー）が含まれている。2番目に高いのは14兆5,118億円の自動車小売業である（構成比11.9%）。3番目に高いのは13兆4,308億円の燃料小売業である（構成比11.0%）。これにはガソリンスタンドが含まれている。これらは事業所数において構成比は比較的小さい。つまり，事業所当たりの年間商品販売額が大きいことを示している。

3．売場面積

表によれば，2014年の小売業の総売場面積は，1億3,485万平方メートルである。業種別に売場面積をみると，最も値の大きいのは2,119万平方メートルの他に分類されない小売業である（構成比15.7%），2番目は1,796万平方メートルの各種食料品小売業である（構成比13.3%）。3番目は1,731万平方メートルの百貨店，総合スーパーである（構成比12.8%）。百貨店，総合スーパーは事業所数わずか1,608しかないが，総合的に商品を販売するために，広い売場面積を有していることがわかる。

4．従業者数[31)]

表によれば，2014年の小売業の総従業者数は581万925人である。業種別に従業者数をみると，最も多いのが96万3,971人のその他の飲食料品小売業である（構成比16.6%）。2番目は74万80人の各種食料品小売業である（構成比12.7%）。3番目は44万8,547人の医薬品・化粧品小売業である（構成比7.7%）。その他の飲食料品小売業は事業所数が多いため，従業者も多いといえる。

第５節　小売業態（営業形態）の生起・発展

小売業態の生起・発展は小売業の構造に大きな影響を与える。業種構造はいうまでもなく，売場面積や従業者でみた規模構造にも影響を与えるのである。

わが国における，主要小売業態の歴史を簡単に振り返った後，小売業態の生起・発展に関する仮説を解説する。

１．主要小売業態の歴史

主要小売業態として，百貨店，スーパーマーケット，コンビニエンス・ストアを取り上げる。

（１）百貨店[32)]

百貨店の最初は，1852 年にフランスのパリに誕生したボン・マルシェ（Bon Marche）であると考えられている。大規模店舗における幅広い品揃え，部門別管理，定価販売，薄利多売，返品制度の実現によって革新をもたらしたのであった。

日本においては，1904 年の呉服店三越のデパートメント・ストア宣言が百貨店の嚆矢であると考えられている。洋服，化粧品，洋品，貴金属など西洋風の商品をつぎつぎ揃え，大規模店舗においてワン・ストップ・ショッピングの便宜性とともに洋風生活を上流階級に提供していった。

1920 年代，関東大震災以降，生活必需品の販売に迫られ百貨店は大衆化した。食料品の扱いも進んだ。ディスカウント販売と激しいサービス競争を経験した。第二次世界大戦が起こり，戦時統制下，百貨店は停滞を余儀なくされたが，戦後，経済が復興し，百貨店も復活した。1960 年代以降，消費革命ともいわれる消費の拡大を迎えた。百貨店は既製服を中心としたファッション衣料品重視と高級化路線でそれに応えた。

1970 年代，二度の石油ショックによって，高度経済成長は終焉し，消費が低迷した。また，1974 年に施行された大規模小売店舗法によって出店が規制された。地方百貨店の中には消費低迷とスーパー攻勢によって苦境に陥るものが続出した。

1980 年代に入り，消費の成熟化に伴い，多様化・個性化，高級化，ソフト化現象が起きた。また，大型景気拡大に突入した。百貨店は高級化を進め，高級服飾ブランドの品揃えが充実した。さらに，業容拡大を進め，サービス分野に積極的に取り込んだ。

1990 年代に入り，景気が低迷し，百貨店の売上高も低迷した。高級化路線の見直しも行われた。2000 年代に入ると，人口の都心回帰現象や高齢化の進展がみられ，大都市中心部百貨店が注目された。しかし，消費低迷の影響により，百貨店の売上高は低迷し，各社は経営統合によって，生き残りを図った。2014 年頃から，外国人観光客の増加に伴い，東京や大阪の中心部に立地する百貨店で売上高は回復した。外国人観光客の買い物場所として，大都市のランドマークである百貨店が選択されたからである。しかしながら，地方都市の百貨店の衰退は止まってはいない。

（2）スーパーマーケット[33)]

スーパーマーケットの最初は，1930 年に開店したアメリカのニューヨーク州ロングアイランドのキング・カレン（King Kullen）である。大規模店舗，中心地はずれの場所への立地，セルフサービス販売，マージン・ミックスによる低価格訴求という革新要素を備えていた。

1956 年，福岡県北九州市に開店した日本最初のスーパーマーケット丸和フード・センターは，肉，野菜，魚の生鮮食料品をはじめ，加工食料品，日用雑貨品を品揃え，それらをセルフサービスによって販売した。食料品を中心とした日常生活用品のワン・ストップ・ショッピングを実現したといってよい。

1950 年代後半から 60 年代前半，日本へはアメリカからスーパーマーケットの知識が移転したが，同時に，ディスカウント・ストアとチェーン・ストア経営に関する知識も移転した。そのためか，日本的変容として，食料品のみならず，非食料品を含め各種商品をセルフサービスで安売りする総合スーパーが誕生した。百貨店が大衆消費の盛り上がりに応え切れなかったため，ダイエーやイトーヨーカドーなどが展開する総合スーパーは大衆向け百貨店として，消費者に受け入れられた。また，大量生産体制の整備に対応して，総合スーパーは大量生産品のはけ口となったのだった。チェーン・ストア経営によって，総合スーパーは急速に多店舗化した。総合スーパーは都心部のみならず郊外地域にも展開した。

1972 年，売上高でダイエーが三越を抜いて日本一になった。総合スーパーは日本の小売業界を主導する存在になった。ただし，1970 年代，二度の石油ショックによって，高度経済成長は終焉し，消費が低迷した。1974 年に施行された大規模小売店舗法によって出店が規制され，その後，成長は鈍化した。

1980 年代，消費の成熟化に伴い，多様化・個性化，高級化，ソフト化が進行した。総合スーパーは，「量販店から質販店への脱皮」を図り，扱い商品の高級化・ファッション化を進行させた。また，モータリゼーションの進展に対応して郊外ショッピング・センターが増加した。総合スーパー小売業者は積極的にショッピング・センター開発に関わり，総合スーパーはそのキー・テナントとなるパターンが増加した。

食料品中心の本来のスーパーマーケットは 1960，70 年代を通じて不振であった。品揃えの中心であるべき生鮮食料品のプリパッケージ技術が確立せず，セルフサービス販売が不十分であったためだ。しかし，1970 年代後半にその方法が確立し，1980 年代以降発展した。

1990 年代以降，出店規制の緩和に伴い，郊外型の総合スーパーやスーパーマーケットの出店は加速した。しかし，1990 年代後半以降，不況と競争激化のため総合スーパーは低迷した。

2000 年代に入ると，都心部に小型の小商圏型スーパーマーケットがみられるようになった。これは，コンビニエンス・ストアの生鮮食料品販売と相まって，スーパーマーケットとコンビニエンス・ストアとの垣根を低くした。

（3）コンビニエンス・ストア[34)]

コンビニエンス・ストアの最初は，1927年創業のアメリカ・テキサス州サウスランド社のセブンイレブンである。サウスランドは，創業当初，氷小売業を営んでいたが，顧客の求めに応じ，パンやミルクなど食料品を扱って長時間営業を始めた。これが消費者に受け入れられると，1946年，セブンイレブンという店名で，長時間営業，年中無休の運営方針の下，多店舗化に乗り出した。

日本最初の本格的コンビニエンス・ストアとして，1974年，総合スーパー小売業者であるイトーヨーカドーとサウスランドとの提携の結果，セブンイレブンのフランチャイズ店が東京都江東区に開店した。生鮮食料品以外の生活必需品の幅広い品揃えを，住宅地，駅前商店街立地の小規模店舗において，長時間営業でセルフサービス販売するものであった。

その後，大店法による規制，経済の成熟化などの環境下，企業はコンビニエンス・ストアに新たな成長機会を見出した。大手総合スーパー小売業者や卸売業者などがこの分野に参入し，フランチャイズ方式の採用もあって，1980年代には急成長を遂げた。この時期，若者を中心とした，消費の個別化，夜型生活の広がり，利便性の追求というライフ・スタイル変化がこの業態を求めた。特に，コンビニエンス・ストアが扱う弁当，惣菜をはじめとするファーストフードは，そういうライフ・スタイルに合致したのであった。

1980年代後半に入ると，大手チェーンによる寡占化，POSシステムの導入が進む中，各社はファーストフードを品揃えの中心として強化した。また，サービスの取り扱いを進めた。公共料金の代金収納，宅配便，クリーニングの取次ぎ，DPEなどの扱いが始まったのであった。

1990年代に入ると，成熟期を迎え，成長が鈍化した。1990年代半ばには，不況が深刻化した。また，他の業態との間の競争が顕著になってきた。そうした中，コンビニエンス・ストアにおいては一部商品の値引き販売が始まった。差別化のため，オリジナル商品の開発が積極化した。さらに，加工食料品を中心として旅行，通信販売の代金収納，金融などサービス取り扱いの拡大が行われた。なお，1990年代以降の規制緩和の進展に伴い，切手・はがき，米，一部医薬品販売が行われるようになった。

2000年代に入ると，既存店の売上高の低迷がみられた。差別化のため，2000年代後半，生鮮食料品を扱う店舗がみられるようになり，コンビニエンス・ストアはスーパーマーケットとの競合に見舞われることになった。さらに，ドラッグストアが食料品扱いを強化したため，コンビニエンス・ストアはドラッグストアとの競合を意識せざるをえなくなった。

２．小売業態の生起・発展に関する仮説

小売の輪仮説を中心に，小売業態の生起・発展に関する代表的仮説を説明していく。

（１）小売の輪仮説（wheel of retailing hypothesis）

マクネァー（M. P. McNair）によって提唱された，小売業態の生起・発展に関する仮説の先駆けとなった仮説である[35)]。小売の輪仮説においては，小売業態の生起・発展は次のような過程をたどると定式化した。

まず，革新（innovation）であるとみなされるような，新規の経営技術・知識を持った小売業者が，地価の安い地点での簡素な店舗，セルフサービスの採用による接客の削減，商品ラインの限定などによる低水準の営業費用とマージンの実現によって，低価格販売を武器として市場に現れる。

低価格販売について独自のノウハウを持って，新規の小売業態を市場にもたらした革新的小売業者は競争上優位に立つ。革新的小売業者が競争上優位な立場にあることが認められると，他の小売業者が模倣し，低価格型の新規小売業態として一般に認められて小売業において優勢となる。

しかし，新たな低価格型の小売業態が確固たる存在となってくると，次々と多くの小売業者が新たな低価格型小売業態を採用して参入してくるため，同じ小売業態内における競争は激化し，同じ小売業態に属する個々の小売業者はより競争上優位に立つために，品揃え幅を拡大したり，情報の提供や付帯サービスを充実させたりするようになる。つまり，格上げ（trading up），高級化である。

格上げによって小売業者は低マージン･低価格を維持することができなくなり，必然的にマージン幅と価格水準の上昇を招く。

低価格型小売業態を採用した小売業者がもはや価格競争力を失ってしまうと，さらにまた新たな低価格型小売業態が出現してくる余地が生まれ，実際にまた新たな低価格販売に関する経営技術･知識を持つ小売業者が出現してくる。

小売の輪仮説がその名を冠されているのは，各小売業態は，低価格型から格上げ，そして成熟して，高価格型小売業態へと姿を変えるという循環を繰り返し，まるで輪がくるくると回転しているようであることを強調するからである(図３－２)。

図３－２ 小売の輪

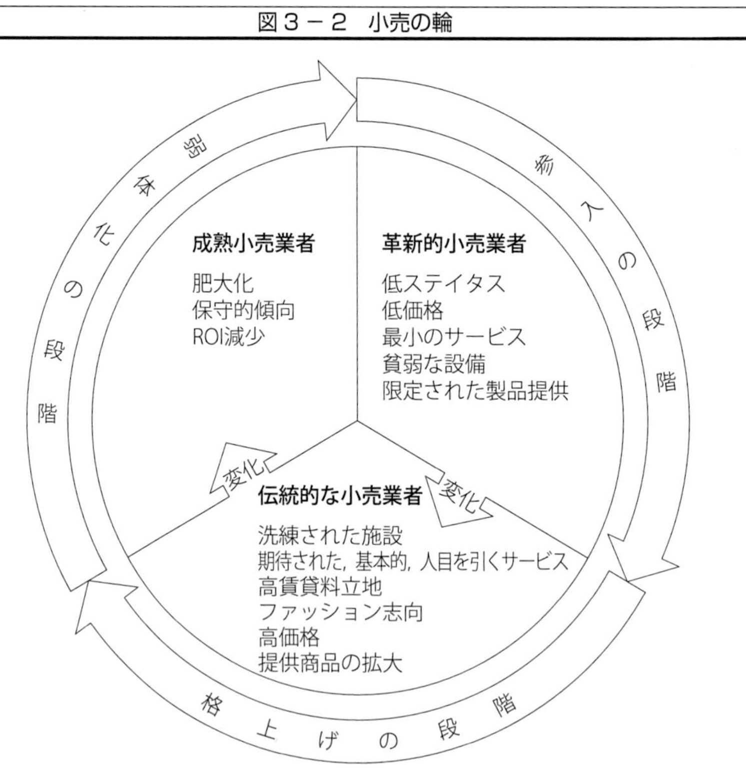

出所：Lewison, D. M., *Retailing*, 4th. ed., Macmillan Publishing, 1991, p.73.

（2）真空地帯仮説（vacuum hypothesis）

小売業のサービス・価格水準に対する消費者の選好（いわゆる好み）におけるすきま（真空）の存在から新規小売業態の生起を説明しようとした，ニールセン（O. Neilsen）によって唱えられた仮説である[36]。

図３－３に示されているように，低水準のサービス・価格（この場合のサービスは小売サービス全般）から高水準のサービス・価格まで小売業のサービス・価格水準に対する消費者の選好が描かれ，中程度の水準のサービス・価格に対して最も消費者の選好が集まっているとする。現在，高水準の店舗A，中水準の店舗B，低水準の店舗Cがあるとする。

Cはさらなる消費者の愛顧獲得を目指し，サービス・価格水準を消費者の選好がより集まっているBの方向へ引き上げる（格上げ）。また，Aもさらなる消費者の愛顧獲得を目指し，サービス・価格水準をBの方向へ逆に引き下げる（格下げ）。その結果，高水準と低水準の小売店がなくなり，真空地帯，つまりす

図３－３　真空地帯

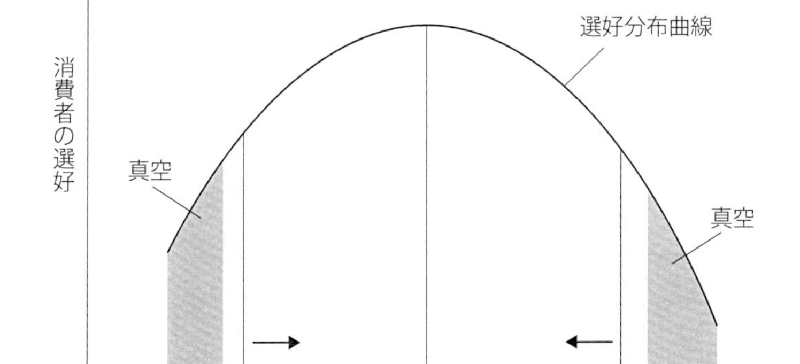

出所：Neilsen, O., "Development in Retailing", in M. Kjaer-Hansen (ed.), *Reading in Danish Theory of Marketing*, North-Holland, 1966, p.113 の図を修正。

きまが生じることになる。

新規の参入者はそのすきまに参入し，新しい小売業態として登場することになる。すなわち，低価格型の廉売店や高価格型の高級店が新規小売業態として登場するわけである。

真空地帯仮説は，小売の輪の仮説では説明されていなかった高価格型小売業態の生起をも取り扱っているところに特徴がある。

（3）小売アコーディオン仮説（retail accordion hypothesis）

品揃え幅の拡大・縮小という観点から新規小売業態の生起を説明しようとした，ホランダー（S. C. Hollander）によって唱えられた仮説である[37]。図3－4に示されているように，よろず屋のような品揃え幅の広い小売業態がすでに存在し，小売業の中で優勢であるとすると，次には品揃え幅の狭い専門店が新規の小売業態として出現するが，時間が経過して専門店が優勢な存在となると，さらに，次にはまた百貨店のような品揃え幅の広い新規の小売業態が登場する

図３－４　小売アコーディオン

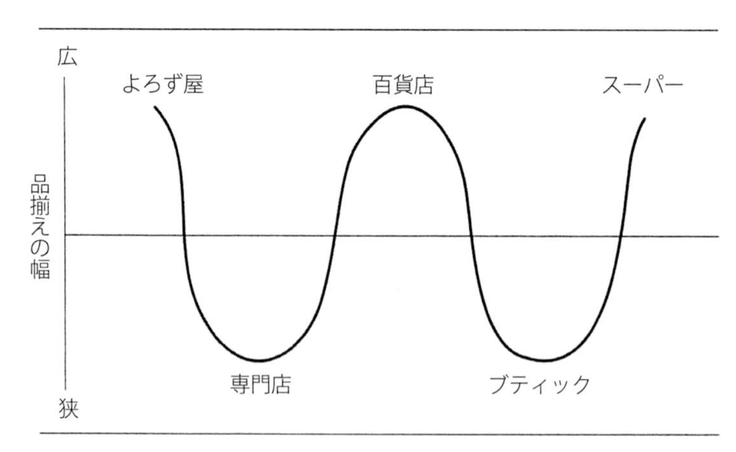

出所：Mayson, J. B., Mayer, M. and Wilkinson, J. B., *Modern Retailing:Theory and Practice*, 6th. ed., Richard D. Irwin, 1993, p.33.

という歴史的パターンが提示されている。つまり，小売業態の生起・発展は，まるで演奏されるアコーディオンのように，品揃え幅が広がったり，狭まったりし，品揃えの総合化と専門化の間で揺れ動くというのである。

（４）小売ライフ・サイクル仮説（retail life cycle hypothesis）

小売業態の生起から衰退までの過程を，製品ライフ・サイクル論（product life cycle）を応用して説明しようとする，ダビットソン・ベイツ・バス（W. R. Davidson, A. D. Bates, and S. J. Bass）によって唱えられた仮説である[38)]。

製品ライフ・サイクルと同様，小売業態は，革新（innovation）段階，加速的発展（accelerated development）段階，成熟（maturity）段階，衰退（decline）段階の４つの段階を経ることが想定されており（図３－５），それぞれの段階ごとに小売業者が対応すべき経営行動が示されている（表３－６）。

革新段階では，新規の小売業態が，価格，立地，品揃えなどマーケティング戦略上，既存の小売業態とは違った革新性をもって登場してくる。競争相手はほとんどなく，急速に売上高は伸びていく。

加速的発展段階では，新規小売業態の売上高が急速に伸び，既存小売業態から顧客を奪っていく。そのため，この業態の成長性を見込んで追随・模倣する

図３－５　小売ライフ・サイクル

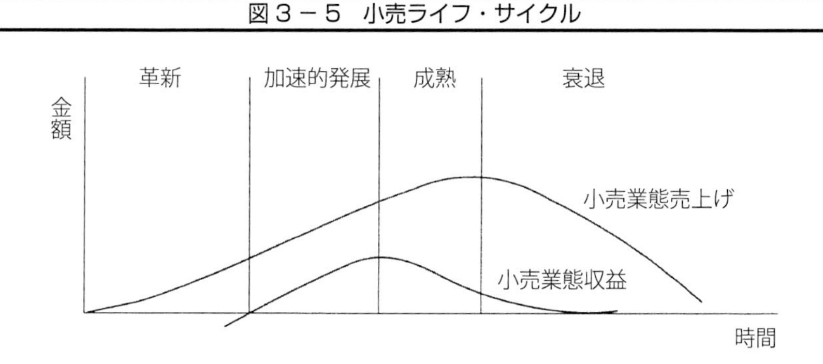

出所：Davidson, W. R., Bates, A. D. and Bass, S. J. “The Retail Life Cycle,” *Harvard Business review*, Vol.54, November-December, 1976, p.19.

表３－６　小売ライフサイクルと小売業者の行動

	重要な分野，問題	小売ライフ・サイクルの発展			
		1革新	2．加速的発展	3．成熟	4．衰退
市場特性	競争相手の数	ほとんどない	適度	直接の競争相手多数，適度な間接競争	適度な直接競争，間接的競争相手多数
	売上成長率	急速	速い	普通から鈍化へ	緩慢あるいはマイナス
	収益水準率	低から中へ	高い	中	非常に低い
	新しい革新の持続期間	３年から５年	５年から６年	不定	不定
適切な小売業者の行動	投資／成長危険についての意思決定	投資最小一高リスク容認	成長維持のために高水準の投資	未開発の市場の成長の厳しい抑制	最小限，不可欠な資本支出
	経営中枢の関心	調整と実験による概念修正	先取的市場地位の確立	過剰能力と「オーバーストア」成熟の延長と小売概念の改訂	「脱出」戦略の実態
	経営管理技術の使用	最小	適度	拡大	適度
	もっとも成功する経営形態	企業家型	中央集権型	「プロフェッショナル」型	世話人型

出所：図３－５と同文献，p.92

小売業者がどんどん増えていく。加速的発展段階初期の頃は，個々の小売業者は規模の拡大に伴って，規模の経済性を享受し始めるが，後期の頃には，大規模化した運営をまかなうためにスタッフが増加し，次第に営業コストが増加する。中央集権型の経営管理が必要とされるようになる。この時期最も利益水準が高まる。

成熟段階では，新規小売業態はもはや新規，革新ではなくなり，売上高の伸びは低下する。個々の小売業者は一層規模が拡大し，激しい競争，過剰な供給能力などの環境変化に対応するため，高度な専門的知識を要するプロフェッショナル型の経営管理が必要とされる。激しい競争に対応するため，営業費用が上昇し，利益水準が低下していく。また，この頃，新たな革新的小売業態が出現してくる。

衰退段階では，当該小売業態の競争力は失われ，もはや顧客を引き付けることができず，売上高は低下していく。

3．仮説の問題点

代表的な小売業態の生起・発展に関する仮説を紹介したが，その仮説を利用して小売業の現実を見据えるうえで，いくつかの問題点を指摘することができる。

小売の輪仮説については，フランスにおける百貨店やアメリカにおけるスーパーマーケットなどの生起・発展をうまく説明することができると考えられる。つまり，両者とも低価格型で登場し，発展するに伴って格上げし，やがて成熟するに至って価格水準を上昇させていったのである。また，日本のスーパーマーケットの生起・発展をある程度説明することができる。しかしながら，コンビニエンス・ストアのような低価格型でない小売業態の出現が考慮されていないという問題点が存在する。

真空地帯仮説においては，新規小売業態の出現は既存小売業態の格上げ・格下げ，小売サービスに対する消費者選好への対応によることが説明されている。コンビニエンス・ストアのような低価格型でない小売業態の生起を説明するうえでは重要な仮説の１つであると考えられる。ただし，山なりの消費者選好分布曲線が既知のものとされているが，実際には推定することは困難であろう。小売サービス全体を消費者選好の対象としているためなおさらである。

小売アコーディオン仮説は，小売業の品揃えの拡大・縮小という観点から新規の小売業態が生まれることを説明している。百貨店，スーパーマーケットのような総合的品揃えの小売業態が，専門店のような専門的品揃えの小売業態との競争関係から生まれた歴史を説明することは可能である。ただし，なぜ品揃え拡大・縮小が起こるのかということを説明していないという問題点が指摘できる。

小売ライフ・サイクル仮説は，小売業態の発展に焦点を当てており，ライフ・サイクルの段階ごとに小売業経営者がどのような対応をすべきなのか，おおまかな意思決定の指針を提示している。しかしながら，なぜ小売業態が発展し，ライフ・サイクルをたどっていくのかは明確でない。小売業態の発展を規定する要因が明らかにされていない。

以上紹介したすべての仮説において共通して次のような問題点を指摘することができる。第１に，どの仮説も小売業態の生起・発展を説明しようとしているにもかかわらず，戦略タイプとしての小売業態，企業である小売業者，事業所である小売店舗を混乱させている。第２に，消費者の反応・愛顧があまり考慮されていない。消費者の支持がなければ小売業態の生起・発展はありえないのである。第３に，小売業態に関する知識の国際的な移転が考慮されていない。わが国小売業の歴史を振り返った場合，海外から業態自体のアイディア，運営方法などが移転されてきた。

【注】

1）小売店舗とは，買い手の来訪を受けて，そこで小売販売を行うための施設であって，永久的かつ固定的なものをいう。したがって，通信販売を行うための事務所，露天商のテント，移動販売に用いられる自動車，自動販売機などは永久的・固定的でないため除かれる。田島義博『流通機構の話』〔新版〕日本経済新聞社，1990 年，46-47 頁。

2）小売業に関する概念については，田口冬樹『体系流通論』白桃書房，2001 年，121-124 頁を参考。

3）サービスとは，形が無い（無形性）という特性を持つ，何らかの働き，あるいは用役のことを指すが，サービス提供の源泉を考慮してみると，「利用可能な諸資源が有用な機能をはたすその働き」と定義することができる。この場合，利用可能な諸資源とは，人員，設備，機械などの物体，あるいはそれらの組み合わせを指す。また，有用なとは，サービスの受け手にとって，効用をもたらす，役立ちを与えるという意味である。野村清『サービス産業の発想と戦略』電通，1983 年，38 頁を参考。

4）最終消費の特性については，Berman, B., Evans, J. R., and Chatterjee, P., *Retail Management : A Strategic Approach*, 13th ed., Pearson, 2018, pp.29-30 ; Arnold, M. J. and Reynols, K. E., “Hedonic Shopping Motivations, ” *Journal of Retailing*, Vol.79, No.2, pp.77-95. を参考。

5）小売ミックスの次元設定については，論者ごとに小売業者ごとにさまざまである。ここでは，Lazer, W. and Kelly, E. J., “The Retailing Mix : Planning and Management, ” *Journal of Retailing*, Vol.37, Spring, 1961, pp.34-41；田村正紀「消費者の買い物行動」鈴木安昭・田村正紀『商業論』有斐閣，1980 年，91 頁を参考。

6）流通における競争については，つぎの文献を参考にしている。なお，垂直的競争は，経済学的な意味の競争ではないが，流通における当事者間で利益をめぐって衝突するという意味で競争とみなすことができる。Havenga, J. J. D., *Retailing : Competition and Trade Practices*, Sijthoff International Publishing, 1973, pp.29-72.（新城俊雄・白石善章訳『小売商業の競争理論』千倉書房，1980 年，37-101 頁）; Palamountain, Jr., J. C., *The Politics of Distribution*, Harvard University Press, 1955, pp.24-57.（マーケティング史研究会訳『流通のポリティックス』白桃書房，1993 年，25-58 頁）を参考。

7）差別的優位性については，Alderson, W., *Marketing Behavior and Executive Action*, Richard D. Irwin, 1957.（石原武政・風呂勉・光澤滋朗・田村正紀訳『マーケティング行動と経営者行為』千倉書房，1984 年，109-141 頁）; 陶山計介『マーケティング戦略と需給斉合』中央経済社，1993 年，27-49 頁を参考。

8）水平的競争と異形態間競争の差異については，鈴木安昭「小売業」鈴木安昭・田村正紀『商

業論』有斐閣，1980 年，130-134 頁を参考。

9）流通チャネルにおける争いの１つにコンフリクト（conflict）がある。コンフリクトは，いったん構築されたチャネル・システムにおいて，主にチャネル・システムを指揮するリーダーとその他構成員間で，目標，役割，あるいは環境の認識の不一致によって起こる対立のことを指す。なお，流通チャネルにおける垂直的競争とコンフリクトの概念の違いは必ずしも明確ではない。

10）経営学において，組織間の資源依存の問題として議論されてきた。山倉健嗣『組織間関係』有斐閣，1993 年，35-41 頁を参考。

11）小売市場における競争が垂直的競争に与える影響については，白石善章「流通における動態的競争」保坂直達・白石善章『流通と経済』晃洋書房，2003 年，98-113 頁を参考。

12）取引に関する依存については，特定流通業者の総仕入量の中で特定生産者からの商品仕入が占める割合（仕入依存度）と，特定生産者の総販売額の中で特定流通業者に対する商品販売量が占める割合（販売依存度）を測定し，両者を比較することで依存度を分析するモデル（取引依存度モデル）が石原によって提示されている。石原武政『マーケティング競争の構造』千倉書房，1982 年，210-217 頁。

13）流通チャネルにおける勢力基盤については，石井淳蔵『流通におけるパワーと対立』千倉書房，1983 年，38-46 頁を参考。

14）小売業者の社会的役割については，鈴木，前掲稿，137-140 頁を参考。

15）小売業者の消費者に対する役割については，大野勝也「小売業」大野勝也・岡本喜裕『流通要論』白桃書房，1995 年，90-93 頁；雲英道夫『新講商学総論』多賀出版，1995 年，98-101 頁を参考。

16）小売業者が店舗を構えることによって，街並みを構成し，人をひきつけて街に賑わいをもたらすことは，小売経営の外部性と捉えることができる。石原武政『小売業の外部性とまちづくり』有斐閣，2006 年，45-73 頁を参考。

17）いかなる商品も売上高の半分以上に達しない場合には，各種商品小売業に分類される。

18）小売業種分化については，石原武政『商業組織の内部編成』千倉書房，2000 年，118-122 頁を参考。

19）市場規模が十分な場合でも，販売額の増加を狙って小売業者はさまざまな商品の取り扱いを進めることがある。水平的な統合である。消費者が一度の店舗出向で多品種を購買しようとするワン・ストップ・ショッピングの便利さを求める場合に水平的な統合は進む。ただし，無関連な商品を扱うのでは，消費者にワン・ストップ・ショッピングの便利性を与えることはできない。詳しくは，同上書，116-118 頁を参考。

20）小売業態概念については，関根孝「小売機構」久保村隆祐編著『商学通論』〔六訂版〕

同文舘，2005年，42-76頁を参考。

21）営業形態の特徴については，同上稿，45-65頁；大野，前掲稿，97-125頁を参考。

22）我が国では，スーパーマーケットのことをスーパーと呼び，業種にかかわらず，セルフサービス販売の小売業をみな含める場合がある。したがって，食料品中心のスーパーマーケットのことをあえて食品スーパーと呼ぶ場合がある。ちなみに，多くの国においては食料品を品揃えの中心とするセルフサービス販売の小売業のことをスーパーマーケットと呼ぶ。

23）我が国では，食料品を取り扱う低価格型小売業についても，スーパーマーケットや総合スーパーなどよりも強い低価格訴求で販売しているような場合はディスカウント・ストアと呼ぶことがある。

24）経営形態分類については，兼村栄哲「流通機構」兼村栄哲・青木均・林一雄・鈴木孝・小宮路雅博『現代流通論』八千代出版，1999年，52-53頁；田口，前掲書，149-158頁を参考。

25）ちなみに，ボランタリー・チェーンはさらに本部機構を誰が担うかによって，卸売業者主宰型と小売業者主宰型とに分類することができる。欧米諸国では，一般的に，ボランタリー・チェーンといえば卸売業者主宰型のことを指し，小売主宰のものはコーペラティブ・チェーン（cooperative chain）と呼ばれる。

26）企業形態については，関根，前掲稿，74-76頁を参考。

27）商店街の商圏規模による分類については，市原実『すぐ応用できる商圏と売上高予測』同友館，1995年，13-14頁を参考。

28）ショッピング・センターに近い商業集積として，小売市場，寄り合い百貨店，寄り合いスーパーがある。

29）ショッピング・センターの商圏規模による分類については，渥美俊一『チェーンストア出店とSCづくり』実務教育出版，1990年，215頁を参考。

30）商業統計は，1952年以降，経済産業省（かつては通商産業省）による商業を営むすべての我が国事業所に対する調査，商業統計調査の結果をまとめたものである。5年ごとに本調査が行われ，本調査の2年後に簡易調査が行われてきた。2014年，総務省経済センサス基礎調査と同時実施されたが，これ以前の調査とは事業所の把握方法が異なる。したがって商業統計において，2014年調査データとこれ以前の調査データとの比較は容易ではない。

31）商業統計上，従業者とは，個人業主，無給の家族従業者，有給役員，常用雇用者を指す。就業者とは，従業者のほか，臨時雇用者，派遣・下請受入者を指す。ちなみに，常用雇用者とは，正社員・正職員，パート・アルバイトと呼ばれている者で，期間を定めず雇用されているか，１ヵ月を超える期間を定めて雇用されているかに該当する者である。臨時雇用者とは常用雇用者以外の雇用者で，１カ月以内の期間を定めて雇用されている者や日々雇用されている者を指す。

32）百貨店の歴史については，小山周三・外川洋子『デパート・スーパー』日本経済評論社，1992年；神保充弘「百貨店の日本的展開とマーケティング」マーケティング史研究会『日本流通産業史――日本的マーケティングの展開』同文舘，2001年，26-47頁；日経MJ編『トレンド情報源』日本経済新聞出版社，各年版を参考。

33）スーパーマーケットの歴史については，小山周三「小売り業態の進化」日経流通新聞編『流通現代史――日本型経済風土と企業家精神』日本経済新聞社，1993年，20-39頁；建野堅誠「スーパーの日本的展開とマーケティング」マーケティング史研究会『日本流通産業史――日本的マーケティングの展開』同文舘，2001年，50-69頁；日経MJ，同上書，各年版を参考。

34）コンビニエンス・ストアの歴史については，川辺信雄『新版セブン－イレブンの経営史』有斐閣，2003年；金顕哲「コンビニエンス・ストアの日本的展開とマーケティング」マーケティング史研究会『日本流通産業史――日本的マーケティングの展開』同文舘，2001年，72-103頁；日経MJ，同上書，各年版を参考。

35）McNair, M. P., "Significant Trends and Developments in the Postwar Period," in Smith, A. B. (ed.), *Competitive Distribution in a High-Level Economy and Its Implications for the University*, University of Pittsburgh Press, 1958, pp.1-25.

36）Neilsen, O., "Developments in Retailing," in M. Kjaer-Hansen (ed.), *Reading in Danish Theory of Marketing*, North-Holland, 1966, pp.101-105.

37）Hollander, S. C., "Notes on the Retail Accordion Theory," *Journal of Retailing*, Vol.42, Summer, 1966, pp.29-40.

38）Davidson, W. R., Bates, A. D. and Bass, S. J., "The Retail Life Cycle," *Harvard Business Review*, Vol.54, November-December, 1976, pp.89-96.

参考文献

青木均『小売マーケティング・ハンドブック』同文舘出版，2012年。

石井寛治『近代日本流通史』東京堂出版，2005年。

日経MJ編『流通・サービスの最新常識――日経MJトレンド情報源』日本経済新聞出版社，各年版。

第4章　卸売業者

第1節　卸売業者とは

卸売（wholesaling）は，国民経済に占める役割は大きいが，一般的に馴染みがなく，その重要性はあまり知られていない。卸売業者（wholesaler）も，小売業者（retailer）も再販売購入をする商業である。小売業者は最終消費者と取引することから認知度は高い。しかし，卸売業者は最終使用者を除いた小売業者，卸売業者，産業用・業務用使用者と取引をする。よって，最終消費者からはこの取引が見えないために認知度は低いといえよう。

このように取引主体からみれば，卸売業者は最終消費者との取引をしないことから，小売業者以外の再販売購入業の総称として使われている。

経済産業省による卸売業者の分類は，①小売業者又は他の卸売業者に商品を販売する事業所，②産業用使用者（建設業，製造業，運輸業，飲食店，宿泊業，病院，学校，官公庁等）に業務用として商品を大量または多額に販売する事業所，③主として業務用に使用される商品（事務用機械及び家具，病院・美容院・レストラン・ホテルなどの設備，農業用器具を除く産業用機械，建設材料など）を販売する事業所，④製造業の会社が別の場所に経営している自社製品の販売事業所（主として統括的，管理的事務を行っている事業所を除く）。例えば，家電メーカーの支店，営業所が自社製品を問屋などに販売している場合，その支店，営業所は卸売事業所となる。⑤商品を卸売し，かつ同種商品の修理を行う事業所（修理料収入の方が多くても，同種商品を販売している場合は修理業ではなく卸売業とする），⑥主として手数料を得て他の事業所のために商品の売買の代理または仲立を行う事業所（代理商，仲立業）。なお，代理商，仲立業には，一般的に，買継商，仲買人，農産物

表4－1　流通段階と流通経路の関係

流通段階			流通経路	
			仕入先	販売先
第1次卸	直取引卸	他部門直取引卸 取引先が他の産業である直取引卸	生産業者から仕入れ	産業用使用者へ販売
			生産業者から仕入れ	国外へ販売
			国外から仕入れ	産業用使用者へ販売
			国外から仕入れ	国外へ販売
		小売直取引卸 取引先が小売業者である直取引卸	生産業者から仕入れ	小売業者へ販売
			国外から仕入れ	小売業者へ販売
	元卸		生産業者から仕入れ	卸売業者へ販売
			国外から仕入れ	卸売業者へ販売
第2次卸	中間卸		卸売業者から仕入れ	卸売業者へ販売
	最終卸		卸売業者から仕入れ	産業用使用者へ販売
			卸売業者から仕入れ	国外へ販売
			卸売業者から仕入れ	小売業者へ販売
その他の卸		取引先が同一企業内である卸	生産業者から仕入れ	同一企業内の本支店へ販売
			生産業者のうち親会社から仕入れ	同一企業内の本支店へ販売
			生産業者のうちその他の生産業者から仕入れ	同一企業内の本支店へ販売
			卸売業者から仕入れ	同一企業内の本支店へ販売
			国外から仕入れ	同一企業内の本支店へ販売
		仕入先が同一企業内である卸	同一企業内の本支店から仕入れ	同一企業内の本支店へ販売
			同一企業内の本支店から仕入れ	卸売業者へ販売
			同一企業内の本支店から仕入れ	小売業者へ販売
			同一企業内の本支店から仕入れ	産業用使用者へ販売
			同一企業内の本支店から仕入れ	国外へ販売
		自店内製造品を販売する卸	自店内製造から仕入れ	同一企業内の本支店へ販売
			自店内製造から仕入れ	卸売業者へ販売
			自店内製造から仕入れ	小売業者へ販売
			自店内製造から仕入れ	産業用使用者へ販売
			自店内製造から仕入れ	国外へ販売

出所：経産省『2002年 商業統計表，流通経路別統計編（卸売業）』（財）経済産業調査会，2004年，別表1，9頁。

集荷業と呼ばれている事業所が含まれている[1)]。このように業務を行う事業所を卸売業と説明している。

卸売業は再販売購入業であるが，最終消費者を対象としないで，製造業，小売業の中間に位置し，その業務を遂行していることがわかる。

三上富三郎は，卸売業者とは「再販売業者または業務用使用者に対する商品の販売をいい，卸売取引または卸売活動とはこれら関係業者ないし使用者間の売買を含む営業活動である」[2)]とし，広義解釈として最終消費者以外へ販売するすべてをいい，狭義解釈として小売業者への販売に限定する。中間的解釈は，広義の卸売業者から製造業者自体，鉱山業者，農業者などの直接生産者からの販売を除くものであるとしている[3)]。

また岡本廣作は「卸売は生産者と使用者または小売業者との間の間隔を架橋することであり，この本質は明白に，卸売業を中間商人として規定するとともに，この資格において活動することが卸売業者の販売市場における地位を規定する」[4)]としている。

このことから，国内に限定すれば，卸売業は再販売業者（卸・小売業者），産業用使用者（設備，資材を購入する事業主体）と再販売を目的としない業務用使用者と取引する流通業者といえよう。

次に，卸売業の流通段階と流通経路の関係を経済産業省2002年商業統計表別表（表4－1）からみると，流通段階に第１次卸，２次卸，その他の卸があり，１次卸は直取引卸，元卸に分化し，直接卸は他部門直接卸と小売直取引卸に分かれている[5)]。

つづいて，他部門直接卸流通経路をみると，仕入先は生産者，国外であり，販売先は産業用使用者，国外である。小売直取引卸は，仕入先が生産者，国外，販売先は小売業者である。元卸は，生産者，国外から仕入れ，卸売業者へ販売している。

２次卸は，中間卸と最終卸に分化する。中間卸は，卸売業者から仕入れ，卸売業者に販売している。最終卸は，卸売業者から仕入れ，産業用使用者，国外，

図4－1　卸売業流通経路

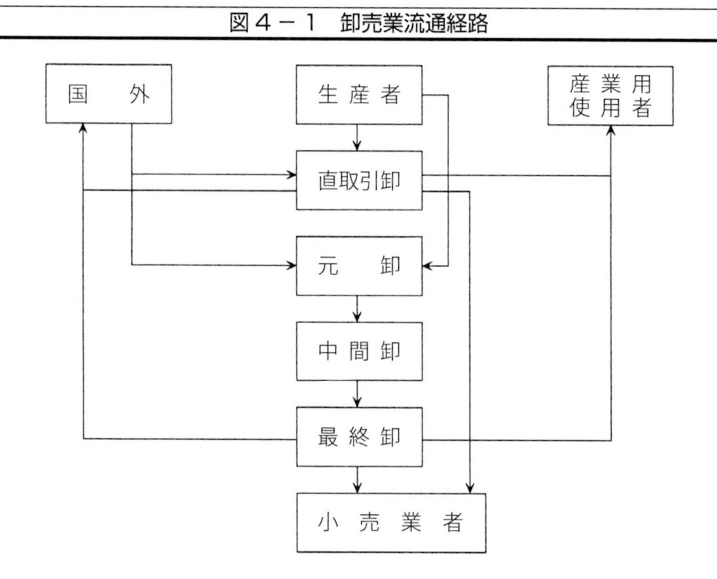

（注）　表4－1の第1次卸 第2次卸の流通経路を簡略化し，作図。
出所：表4－1に同じ。

小売業者へ販売している。

その他の卸は，販売先本支店間卸，仕入先本支店間卸，仕入先自店内製造品卸に分化する。販売先本支店間卸は，生産業者，卸売業者，国外から仕入れ，同一企業内に販売している。

仕入先本支店間卸は，同一企業から仕入れ，同一企業内，卸売業者，小売業者，産業用使用者，国外へ販売している。

仕入先自店内製造品卸は，自店内製造品を仕入れ，同一企業内，卸売業者，小売業者，産業用使用者，国外へ販売している。

以上のように複雑な取引をしていることがわかる。この取引を１次２次卸に限定し，簡略化して図４－１に示した。簡略化された図からでも，国内外と卸売業の仕入れ，販売先は複雑といえる。さらに卸間取引が認められることから，年間販売額は重複して計算され，卸売業の年間販売額はきわめて高くなることになる。平成 26 年商業統計表値によれば，卸売業年間商品売上高 3,566,516 億円，小売業 1,221,767 億円と卸売業は小売業の約 2.9 倍の売上高といえる。これは卸売業の売上高が重複され計算されていることによるものであり，図４－1により確認できるだろう。

卸売業は最終消費者に対して店を構えることがないことから，その存在はあまり知られていないが，卸売業は 38 万 2,354 事業所数あり，商業全体の約 27％を占めている。

第２節　卸売業の役割と卸売業排除論

卸売業は最終消費者から離れた生産に近い段階に位置し，小売業や産業用使用者の架橋となれば，同じ流通業である小売業とは異なる役割を見出すことになる。

その役割の中で特徴的なのが，第１章第８節　流通業の存立根拠で述べられているように「取引総数単純化の原理」と「集中貯蔵の原理」である。このような役割を持つものの排除論が存在する。ここでは簡単に確認しておくことにする。

１．取引総数単純化の原理

この原理は卸売の介在により，総取引回数は少なくなり，流通費用が節約されるというものであった。確かに複数の生産者から直接，小売業者が仕入れる場合は，それぞれの生産者と取引がなされることになる。しかし，卸売業者が間に入れば，それぞれの生産者と小売業者は取引しなくとも，卸売業者と１回取引すればよい。よって，総取引回数は減少する。

２．集中貯蔵の原理

この原理は卸売業の介在により，卸売業が小売業の必要とする商品在庫を集中確保し，小売業はそれにより商品の適正在庫数を確保すればよい。したがって，小売業者は在庫数を削減でき，在庫費用を節約できる。さらに，卸売業が介在し必要在庫量を確保することにより，流通量が減少し，流通費用が節約される。不確実性プールの原理とも呼ばれる。

3．卸売業排除論

商品流通において，卸売業を介在させず，流通経路を短縮すると流通費用等が節約され合理的であるという，卸売業排除論が存在する。いいかえれば，卸売業は最終消費者に販売するのではなく，再販売業者等に販売する。そこで何段階かの再販売業者の商品流通介在は，無駄な費用が発生し，不合理なものであり，卸売業は必要ではないというものである。

しかし，生産システムと消費システムとの架橋の役割や先に述べた 1. 取引総数単純化の原理，2. 集中貯蔵の原理からも必要性があることは明らかである。

以上から，卸売業が介在しない場合と介在する場合を比較すると，介在することが社会経済的な利点がある。いいかえれば，卸売業が介在することにより社会的分業の効果があり，流通費用が節約されることにおいて，その存在意義は認められているのである。

4．卸売業の存立と近代化

卸売業の存在意義が認められ，さらに取引総数単純化の原理，集中貯蔵の原理を確認した。しかし，取引総数単純化の原理は，卸売業が小売業より少数で大規模であることが必要だろう。また集中貯蔵の原理は，卸売業が取引する小売業の数が多いことであるが，現実には卸売業は小売業より少数であり，一般的に規模は大である。

ならば，卸売業は存立根拠によって，存続と成長は保障されたことになる。ところが，卸売業は減少傾向にあり，存立根拠に立脚していれば安泰であるわけではない。卸売業は流通費用合理化・費用制御という経営努力が必要になってくる。

卸売業は流通費用を節約することであり，生産者，卸売業，小売業の競争の中で，これを遂行することである。競争は常に費用の削減を求める，これを達成することが競争優位につながるからである。

したがって，卸売業は費用逓減を推進する近代化を促進しないと排除されるといえよう。

しかしながら，近代化は費用逓減のみではなく，卸売機能の近代化を遂行することが求められる。そこで，今日必要とされている卸売機能を構築し，遂行することが重要である[6)]。

卸売業の近代化により，競争的観点のみならず社会経済的観点からも，卸売業は必要な存在として認められるであろう。次節にて卸売業の機能を検討する。

第３節　卸売業の機能

前節にて卸売業の社会経済的意義について検討した。本節では卸売業が社会的に必要とされ，存続，成長するためには卸売機能を遂行することを確認する。そこで以下，卸売業が遂行する機能を，１商的流通，２物的流通，３助成的に分けみていきたい。

１．卸売業の商的流通機能

卸売業は，小売業等の求める商品を探し，生産者等から仕入れ，品揃えする機能を果たす。品揃えは生産された商品の組み合わせや選別を行い，小売業の品揃えの深さ，広さに寄与するものといえる。また，大量に仕入れ，これを販売先の必要量に合わせて少量分散する。

この機能は基本的であり，歴史的にもこの機能により，卸売業は存続，成長してきたといえる。

２．卸売業の物的流通機能

卸売業は，保管機能により，生産の時期と販売先からの受注時期を調整する。

また，生産者に代わり販売先に商品を運搬する。保管は商品の品質を維持し，運搬は商品の必要時に小売業へ提供する。この機能により，生産者は大量在庫を抱えることなく，保管的空間を必要とすることはない。小売業は卸売業が保管していることから，大量の商品を在庫することなく，安全在庫にて対応できる。小売業が在庫商品を削減できることは，商品回転率を高め，商業利潤形成に貢献する。

このように，商品保管，運搬は，生産者，小売業に大きな恩恵を与えている。

しかし，保管，運送は卸売業だけの機能ではなく，専門業者が担当することや，生産者，小売業が一部を担っていることがある。必ずしも卸売業だけの機能とはいえなくなってきている。

3．卸売業の助成的機能

① 金融負担機能

生産者に前払い，即時払い，小売業に掛売り等の資金的便宜をはかる。生産者は前払い，即払いにより，資金調達を考えなくとも生産を継続できる。小売業者は掛売りにより，信用供与し，商品在庫を確保させている。これら中小生産者，中小小売業者にとっては，卸売業からの信用供与による利益は大きい。

② 危険負担機能

商品の損失，盗難等に対する責任を負い，仕入先および販売先の取引先の危険を負担する。

③ 情報機能

生産者に現在の市場消費状況と小売業のニーズ，競争他社の製品・市場戦略，小売業者には現在の市場状況，新製品動向，今後の市場予測等の情報提供が求められている。

情報はコンピュータとネットワークによる定数的情報，他方，セールスマンによる定性的情報である。情報は不確定であり，それを処理することにより，卸売業は生産者，小売業者等の支援ができることになる。生産者は最終消費者と経済的距離があり，需要変化を充分に把握することが困難である。他方，小売業は最終消費者と接しているが，自店，チェーンに属する最終消費者情報であり，偏りがあるといえる。全体的傾向を把握するには，生産，消費の間に介在する卸売業であろう。つまり，広い視野からの市場分析，製品情報が必要視される。

このように，卸売業者は有益な情報提供と情報処理を求められ，今日，この機能を充分遂行できるのか，課題となっている。

第４節　卸売業の形態

卸売業といってもさまざまであり，それぞれの特徴を持っている。ここでは，①規模，②取扱商品，③商圏，④所有権について分類し，みていきたい。

①　規模による分類

規模による分類は，資本金，従業員数により示したものである。一般的に中小企業基本法の定義に基づき，大規模卸売業と中小規模卸売業に区分する。法によれば，資本金等3,000万円以下，従業員数100人以下の卸売業を中小規模としている。

卸売業は中小規模が多く存在しているが，大規模卸売業は少数である。

②　取扱商品による分類

取扱商品による分類を，ここではａ業種による，ｂ取扱商品の幅によるものについてみていきたい。

ａ業種による分類

商業統計表で分類されているもので，各種商品卸売業，繊維品卸売業，衣服・身の回り品卸売業，農畜産物・水産物卸売業，食料・飲料卸売業，建築材料卸売業，化学製品卸売業，鉱物・金属卸売業等々である。

ｂ取扱商品の幅による分類

取扱商品の幅により，３つに分類する。

1　**総合卸売業**　多数の商品を取り扱う。総合商社が該当する。

2　専業卸売業　特定の業種の商品を専門に取り扱う。食料品卸売業，衣料品卸売業等である。

3　専門卸売業　専業卸売業より取扱商品を絞り，特定の商品を専門に扱う。食料品の中のお菓子のみ，衣料品の子供服のみを扱う卸売業。

③　商圏による分類

取引・営業の地理的範囲により，3つに分類する。

1　全国卸売業　全国市場を対象とする。大都市に本社を，地方に支店や営業所を置き，全国の再販売業者等と取引する。

2　地域卸売業　全国の市場までは対象としないが，いくつかの都道府県にまたがり再販売業者等と取引する。

3　地方卸売業　県内や近県の再販売業者を対象にして取引する。

④　所有権による分類

商品の所有権を有するのか否かの分類である。通常，卸売業は商品の法的な所有権を取得し，取引をしている。ここでは商品の所有権を有せず，卸活動を行う，卸売業を分類する。

1　問　屋　問屋はいわゆる広い意味での卸売業の概念で使われているが，ここでの問屋は商法551条の規定による問屋である。自己の名義で生産者または再販売業者に商品を委託されて売買し，委託者から手数料を受け取る卸売業である。自己の名を持って取引を行うことから取引上の一切の責任を負うが，売買損益は委託者の負担となる。

2　代理商　商法46条による卸売業である。生産者または再販売業者から委託され，委託者の名義で継続して販売，購買を代行し，委託者から手数料を受け取る。

3　仲立人　商法543条による卸売業である。買い手，売り手両者の代理人として，特定の生産者，再販売業者に限定せず，さまざまな業者の商品売買の媒介を行い，手数料を受け取る。

第５節　卸売市場

卸売市場は，収集産地仲買人や問屋が，分散している生産者から収集した生産物を集積するところである。この市場では卸売人と仲買人の間で取引が行われ，その後，生産物は卸売業者を経て，小売業者へ渡る。この収集と分散を結ぶ中継組織の中心が卸売市場である。

この市場では主に生鮮食料品が取引される。生鮮食料品は一般の消費財とは異なり，品質，生産量が定まらず，鮮度は時間により変化する。このような特徴を持つため生鮮食品のほとんどは卸市場で取引され，小売業，業務用使用者に渡る。

この市場では委託された卸売人と仲買人の間でセリ取引が行われ，卸売人は一定の販売手数料を得る。仲買人は卸売人から商品を仕入れ，小売業者，業務用使用者に販売する。

第６節　我が国の卸売業の現状

我が国の卸売業の現状について，平成 26 年経済産業省商業統計表（卸売業・小売業），平成 24 年経済産業省経済センサス（卸売業・小売業）を中心にみていきたい。

第 6 節 1 では，我が国の卸売業の推移を平成 26 年商業統計表表 1 の統計を利用した。つづいて，第 6 節 2 から 3 については状況を把握するために，上記に示した両統計表を利用した。

したがって，第 6 節は両統計表による卸売業の状況把握を中心としたものであり，現状分析ではないことを理解いただきたい[7)]。

１．卸売業の推移

1988 年から 2014 年に至る卸売業の推移を事業所，従業者，年間販売額から

図4－2　卸売業の推移

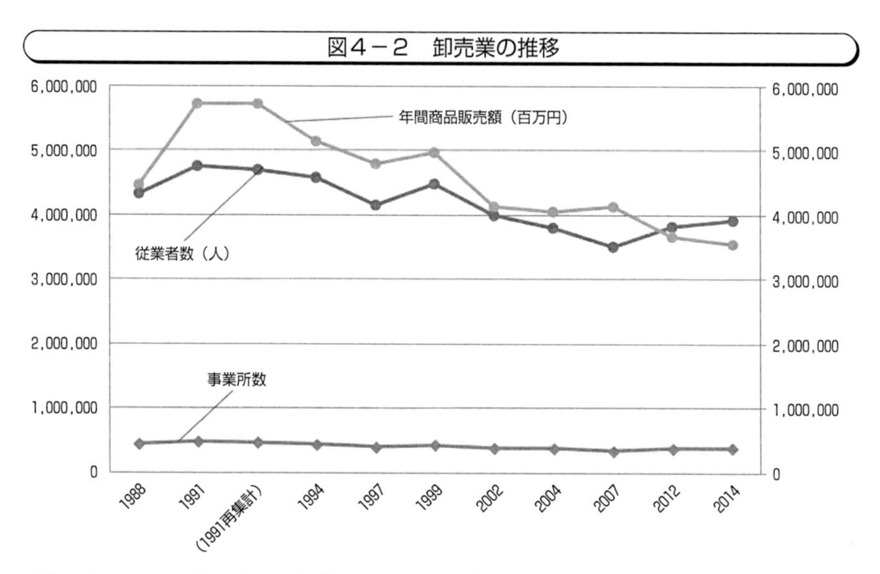

（注）　2012年の数値は経済産業省平成26年商業統計表第１表における「卸売業格付け不能」を含むものとなっている。

出所：平成26年商業統計表第１表から作成。

みていきたい。

事業所数は1988年から微減，微増を繰り返している状況といえる。

従業者数は1988年から91年に増加したが，94年，97年減少し，97年は88年を下回った。99年には増加したが，02年に88年を下回り，07年に急減した。2007年から12年，14年と増加に転じるが，88年の数値を下回っている。

年間販売額は88年から91年に増加するが，94年，97年に減少した。99年増加するが02年に減少，04年微減，07年微増後，12年，14年と減少している。

以上から卸売業の事業所，従業者，年間販売額は経済産業省の統計表から見る限り減少の一途をたどり，88年の水準を下回ることが認められる。

2．事業所数の変化

（1）業種別の事業所数変化

業種別に14年の卸売業での構成比をみると，飲食料品卸売業20.48％，建築

表４－２　業種別事業所数の変化

業種	事業所数		構成比		前回比
	2012年	2014年	2012年	2014年	2014年/2012年
計	371,663	382,354	100%	100%	2.88%
各種商品卸売業	1,619	1,490	0.436%	0.390%	-7.97%
繊維・衣服等卸売業	24,525	24,874	6.599%	6.505%	1.42%
飲食料品卸売業	73,006	76,653	19.643%	20.048%	5.00%
建築材料，鉱物・金属材料等卸売業	84,467	87,937	22.727%	22.999%	4.11%
機械器具卸売業	94,024	101,273	25.298%	26.487%	7.71%
その他の卸売業	94,022	90,127	25.298%	23.572%	-4.14%

（注）「その他の卸売業」は経済産業省平成 26 年商業統計表第 1 表では「卸売業内格付不能」を含むとなっている。
出所：経済産業省平成 26 年商業統計表第 1 表より作成。

材料，鉱物・金属材料等卸売業 22.999％，機械器具卸売業 26.487％と 4 業種が 20％を超えていると認められる。

業種別に事業所数の 12 年と 14 年の前回比をみると，各種商品卸売業は 7.97％減，繊維・衣服等卸売業 1.42％増，飲食料品卸売業 5％増，建築材料，鉱物・金属材料等卸売業 4.11％増，機械器具卸売業 7.71％増，その他の卸売業 4.14％減といえる。

業種全体として微増であるが，すべてが微増しているわけではなく，減少もありばらつきが認められ，増減率も業種により数値の差が認められる。

（2）従業者規模別の事業所数

従業者規模別で卸売業の 14 年構成比をみると，2 人以下が 26.21％と最も多く，つづいて，5 人～ 9 人規模が 25.92％を占める。3 人～ 4 人規模は 22.77％

表４－３　従業者規模別事業所数

	事業所数		構成比		事業所数前回比
	2012年	2014年	2012年	2014年	2014年/2012年
計	267,008	263,883	100.00%	100.00%	-1.17%
2人以下	72,616	69,166	27.20%	26.21%	-4.75%
3～ 4人	61,568	60,099	23.06%	22.77%	-2.39%
5～ 9人	67,798	68,405	25.39%	25.92%	0.90%
10～19人	38,149	39,112	14.29%	14.82%	2.52%
20～29人	12,003	12,161	4.50%	4.61%	1.32%
30～49人	8,260	8,302	3.09%	3.15%	0.51%
50～99人	4,341	4,408	1.63%	1.67%	1.54%
100～199人	1,480	1,470	0.55%	0.56%	-0.68%
200～299人	347	351	0.13%	0.13%	1.15%
300～499人	229	218	0.09%	0.08%	-4.80%
500人以上	217	191	0.08%	0.07%	-11.98%

（注）平成24年商業統計表第４表および平成26年商業統計表第４表では管理，補助的経済活動のみを行う事業所，産業細分類が格付不能の事業所，卸売の商品販売額のいずれの金額も無い事業所は含まれていないため表４－２とは異なる数値となっている。

出所：経済産業省平成24年商業統計表第４表および経済産業省平成26年商業統計表第４表より作成。

である。10人～19人規模は14.82%であり，従業者20人未満の事業所が卸売業全体の89.72%を占めている。従業者の人数規模が多い事業所が占める割合は大きくはない。

つぎに12年と14年の前回比をみると，500人規模は11.98%減で一番大きく，300～499人4.8%減，2人以下4.75%減とつづく，他方，増加がみられるのは10～19人で2.25%，20～29人1.32%，200～299人1.15%と増えている。大規模と小零細の減少が著しいといえよう。

従業者規模はパート・アルバイトを含む，労働時間の８時間換算値を使用した。

（３）経営組織別の事業所数

経営組織別に 14 年の構成比をみると，法人事業所が 85.6%，個人事業所が 14.4%と法人事業所の割合が大きい。

前回比をみると，法人事業所は前回比 0.6% 減となっており，個人事業所も 4.6%減であることが認められる。

事業所は法人が占める割合が多く，減少の数値も小であるが，個人は減少割合も大きいことがわかる。

３．年間商品販売額構成比の変化

（１）業種別の年間商品販売額構成比

業種別販売構成比（%）の 14 年は，建築材料，鉱物・金属材料等卸売業 31.69%と年間商品販売額に占める割合は大きい。つづいて，機械器具卸売業 21.93%，飲食料品卸売業 20.06%，その他の卸売業 16.14%，各種商品卸売業 7.26%，繊維・衣服等卸売業 2.92%であることが認められる。

業種別の前回比は，建築材料，鉱物・金属材料等卸売業 12.18%，飲食料品卸売業 0.14%が増加となった。他の卸売業は減じ，その他の卸売業，各種商品卸売業，繊維・衣服等卸売業の数値は大きい。

（２）従業者規模別の年間商品販売額構成比

14 年の年間販売額構成比を従業者規模別に販売額 10%以上をみると，500 人以上規模が 20.94%で２割強を占め，次いで 10 人～ 19 人規模が 14.68%，50 人～ 99 人規模 12%，５人～９人規模 11.3%の順となっている。先にみた事業所数で数値が大きかった２人以下は販売額構成比が 2.43%を占めるに過ぎないといえる。販売額の前回比は 500 人以上が 23.18% 増加，300 人～ 499 人 8.21% 増，200 人～ 299 人 5.73%増と 200 人規模以上の増加が認められる。減少は 20

表4－4　経営組織別事業所数

経営組織	事業所数				
	2012年	2014年	構成比		前回比
			2012年	2014年	2014年/2012年
卸売業計	267,008	263,883	100.0%	100.0%	-1.2%
法人	227,238	225,935	85.1%	85.6%	-0.6%
個人	39,770	37,948	14.9%	14.4%	-4.6%

（注）平成24年商業統計表第4表および平成26年商業統計表第4表では管理，補助的経済活動のみを行う事業所，産業細分類が格付不能の事業所，卸売の商品販売額，仲立手数料のいずれの金額も無い事業所は含まれていないため表4－2とは異なる数値となっている。

出所：経済産業省平成24年商業統計表第4表および経済産業省平成26年商業統計表第4表より作成。

表4－5　業種別年間商品販売額

業種	年間商品販売額（百万）		構成比		前回比
	2012年	2014年	2012年	2014年	2014年/2012年
計	365,480,510	356,651,649	100%	100%	-2.42%
各種商品卸売業	30,740,174	25,890,090	8.41%	7.26%	-15.78%
繊維・衣服等卸売業	11,928,984	10,403,862	3.26%	2.92%	-12.79%
飲食料品卸売業	71,451,740	71,553,093	19.55%	20.06%	0.14%
建築材料，鉱物・金属材料等卸売業	100,758,770	113,035,865	27.57%	31.69%	12.18%
機械器具卸売業	80,645,307	78,222,460	22.07%	21.93%	-3.00%
その他の卸売業	69,955,535	57,546,280	19.14%	16.14%	-17.74%

（注）2012年の年間商品販売額において「その他の卸売業」は経済産業省平成26年商業統計表第1表における「卸売業内格付不能」を含んでいる。

出所：経済産業省平成26年商業統計表第1表より作成。

表４－６　従業者規模別年間商品販売額

	2012年	2014年	構成比		前回比
			2012年	2014年	2014年/2012年
計	340,437,783	356,651,649	100.00%	100.00%	4.76%
２人以下	8,689,063	8,681,126	2.55%	2.43%	-0.09%
３～ ４人	14,246,688	14,073,508	4.18%	3.95%	-1.22%
５～ ９人	38,718,048	39,322,558	11.37%	11.03%	1.56%
10～19人	50,150,587	52,364,288	14.73%	14.68%	4.41%
20～29人	31,547,500	30,215,260	9.27%	8.47%	-4.22%
30～49人	34,091,672	34,037,672	10.01%	9.54%	-0.16%
50～99人	42,625,240	42,807,332	12.52%	12.00%	0.43%
100～199人	33,659,777	32,558,186	9.89%	9.13%	-3.27%
200～299人	12,597,697	13,320,042	3.70%	3.73%	5.73%
300～499人	13,480,462	14,586,698	3.96%	4.09%	8.21%
500人以上	60,631,050	74,684,980	17.81%	20.94%	23.18%

（注）平成24年商業統計表第４表において「卸売業内格付不能」が含まれていないため他のデータと異なる数値となっている。

出所：経済産業省平成24年商業統計表第４表および経済産業省平成26年商業統計表第４表より作成。

～29人規模が4.22％減，100～199人規模が3.27％減，２人以下は微減である。

（３）経営組織別年間商品販売額構成比

経営組織別に14年の構成比をみると，法人事業所構成比が99.62％と卸売業の販売額のほとんどを占め，個人は0.38％に過ぎない。

前回比をみると，法人事業所が前回比4.85％増，個人事業所が14.58％減となり，法人事業所の前回比は増加している。

表4－7　経営組織別年間商品販売高

経営組織	年間商品販売高（百万）				
	2012年	2014年	構成比		前回比
			2012年	2014年	2014年/2012年
計	340,437,783	356,651,649	100.00%	100.00%	4.76%
法人	338,869,883	355,312,365	99.54%	99.62%	4.85%
個人	1,567,900	1,339,284	0.46%	0.38%	-14.58%

（注）平成24年商業統計表において「管理，補助的経済活動のみを行う事業所，産業細分類が格付不能の事業所，卸売の商品販売額（仲立手数料を除く）のいずれの金額も無い事業所は含まない」とされていることから他表と販売額が異なる。

出所：経済産業省平成24年商業統計表第14表，第16表および経済産業省平成26年商業統計表第4表，第17表，第25表より作成。

表4－8　業種別従業者数

業種	従業者数		構成比		前回比
	2012年	2014年	2012年	2014年	2014年/2012年
計	3,821,535	3,932,276	100%	100%	2.90%
各種商品卸売業	40,839	36,633	1.07%	0.93%	-10.30%
繊維・衣服等卸売業	262,096	270,618	6.86%	6.88%	3.25%
飲食料品卸売業	759,067	796,677	19.86%	20.26%	4.95%
建築材料，鉱物・金属材料等卸売業	711,246	773,123	18.61%	19.66%	8.70%
機械器具卸売業	1,046,513	1,153,497	27.38%	29.33%	10.22%
その他の卸売業	1,001,774	901,728	26.21%	22.93%	-9.99%

（注）2012年の「その他の卸売業」は経済産業省平成24年商業統計表第1表における「卸売業内格付不能」を含むとなっている。

出所：経済産業省平成26年商業統計表第1表より作成。

表4－9　種別従業者数

業種	就業者人数		就業者比		前回比
	2012年	2014年	2012年	2014年	2014年/2012年
卸売就業者総計	2,870,262	2,833,939	100.00%	100.00%	-1.27%
個人事業主及び無給家族従業員	55,265	50,739	1.93%	1.79%	-8.19%
有給役員	302,449	282,177	10.54%	9.96%	-6.70%
常用雇用者	2,415,359	2,425,853	84.15%	85.60%	0.43%
正社員・正職員	1,973,840	1,975,382	68.77%	69.70%	0.08%
パート・アルバイト等	441,519	450,471	15.38%	15.90%	2.03%
臨時雇用者	66,238	51,607	2.31%	1.82%	-22.09%
他への派遣・出向者	64,421	61,592	2.24%	2.17%	-4.39%
他からの派遣・受入者	95,372	85,155	3.32%	3.00%	-10.71%

（注）１　就業者数は，従業員数に臨時雇用数および「他からの派遣・出向者」を加え，「他への派遣・出向者」をのぞいたもの。正社員・正職員とパート・アルバイトは常用雇用者の内訳である。

２　管理，補助的経済活動のみを行う事業所，産業細分類が格付不能の事業所，卸売の商品販売額，仲立手数料のいずれの金額も無い事業所は含んでいない。

３　８時間換算雇用者数の数値である。

出所：経済産業省平成24年商業統計表第２表および平成26年商業統計表第２表より作成。

４．従業者数

（１）業種別の従業者数

業種別従業者の14年構成比は機械器具卸売業29.33％，その他の卸売業22.93％，飲食料品卸売業20.26％，建築材料，鉱物・金属材料等卸売業19.66％と占める割合は大きい。他方，繊維・衣服等卸売業6.88％，各種商品卸売業0.93％と占める割合は大きくはない。

業種別の前回比は機械器具卸売業10.22％増，つづいて建築材料，鉱物・金属材料等卸売業8.7％増，飲食料品卸売業4.95％増，繊維・衣服等卸売業3.25％

表4－10　従業者数規模別の変化

	従業員数		構成比		前回比
	2012年	2014年	2012年	2014年	2014年/2012年
計	2,773,073	2,758,769	100.00%	100.00%	-0.52%
2人以下	116,279	110,472	4.19%	4.00%	-4.99%
3～4人	211,703	206,759	7.63%	7.49%	-2.34%
5～9人	445,189	449,615	16.05%	16.30%	0.99%
10～19人	508,533	521,709	18.34%	18.91%	2.59%
20～29人	284,438	288,037	10.26%	10.44%	1.27%
30～49人	309,104	310,865	11.15%	11.27%	0.57%
50～99人	294,052	297,287	10.60%	10.78%	1.10%
100～199人	199,911	197,702	7.21%	7.17%	-1.10%
200～299人	84,192	84,474	3.04%	3.06%	0.33%
300～499人	85,380	83,409	3.08%	3.02%	-2.31%
500人以上	234,292	208,440	8.45%	7.56%	-11.03%

（注）1　管理，補助的経済活動のみを行う事業所，産業細分類が格付不能の事業所，卸売の商品販売額，仲立手数料のいずれの金額も無い事業所は含んでいない。
2　8時間換算雇用者数の数値である。
出所：経済産業省平成24年商業統計表第4表および経済産業省平成26年商業統計表第4表より作成。

増となっている。他方，各種商品卸売業10.3%減，その他の卸売業9.99%減であるといえよう。

（2）種別従業者構造の内訳

種別従業者構造比率を14年でみると，常用雇用者85.6%（正社員・正職員69.7%，パート・アルバイト15.90%）と多いことがわかる。

つづいて有給役員9.96%，他からの派遣・受入者3.0%，他への派遣・出向者2.17%，臨時雇用者1.82%であり，個人事業主及び無給家族従業員は1.79%

表４－11　経営組織別従業者数

経営組織	従業者数				
	2012年	2014年	構成比		前回比
			2012年	2014年	2014年/2012年
計	2,773,073	2,758,769	100.0%	100.0%	-0.52%
法人	2,667,126	2,657,712	96.2%	96.3%	-0.35%
個人	105,947	101,057	3.8%	3.7%	-4.62%

（注）１　管理，補助的経済活動のみを行う事業所，産業細分類が格付不能の事業所，卸売の商品販売額，仲立手数料のいずれの金額も無い事業所は含んでいない。
　　　２　８時間換算雇用者数の数値である。
出所：経済産業省平成 24 年商業統計表第４表および経済産業省平成 26 年商業統計表第４表より作成。

であることがわかる。

前回比をみると，常用雇用者が 0.43％（正社員・正職員 0.08％，パート・アルバイト 2.03％）増加している。とりわけ常用雇用者のうちパート・アルバイトの増加は大きい。他方，臨時雇用者 22.09％減をはじめ他は減少傾向が認められる。

なお，パート・アルバイト等の従業者について，平均的な１日当たりの労働時間である８時間換算した値とした。

（３）規模別従業者数

従業員規模別に 14 年の構成比をみると，10 ～ 19 人 18.91％を占め，つづいて，5 ～ 9 人 16.30％，30 ～ 49 人 11.27%，50 ～ 99 人 10.78％，20 ～ 29 人 10.44％と従業員中小規模の数値が多い。従業員大規模 500 人以上は 7.56％である。

前回比をみると，10 ～ 19 人 2.59％増，つづいて，20 ～ 29 人 1.27%，50 ～ 99 人 1.10％，5 ～ 9 人 0.99％，30 ～ 49 人 0.57%，200 ～ 299 人 0.33% 増加している。前回比も従業員中小規模の数値が多い。従業員大規模 500 人以上は 11.03％と減少は大きい。

（4）経営組織別の従業者数

経営組織別に従業者構成比を 14 年でみると，法人事業所が 96.3%，個人事業所が 3.7%と法人がほとんどを占めている。

前回比をみると，法人事業所は前回比 0.35%減，個人事業所は 4.62%減とともに減少しているが，個人組織の落ち込みは大きい。

【注】

1）経済産業省『我が国の商業 2005 年版』，2005 年。

2）三上富三郎『卸売業経営 14 版』同文舘，1968 年，10-11 頁。

3）同上書，17-18 頁。

4）岡本廣作『卸売マーケティング』中央経済社，1966 年，17-18 頁。

5）経済産業省『商業統計表 2002 年版』，2004 年。

6）卸売業の介在により流通費用が削減できるが，費用対効果の効果優先戦略から排除が考えられる。ただし，卸売業機能の商品品揃え効果から全面的に排除が進展するものではない。

7）卸売業の現状把握について，第 6 節では平成 24 年経済センサスの卸売業に関する統計と平成 26 年商業統計表卸売業の統計を利用した。第 6 節 1 では我が国の卸売業の推移を見たが，平成 26 年商業統計表表 1 の統計を利用し，これまでの商業統計表と経済センサスが利用されている。統計表が同じではないが，これまでの傾向を把握するためとしておきたい。また，第 6 節 2 から 3 についても統計表は異なるが傾向を把握するために利用した。したがって，第 6 節は両統計表を利用し，卸売業の状況把握をするためのものであり，現状分析ではないことを理解いただきたい。

経済産業省からの統計調査の修正等の注意事項については以下のとおりである。「平成 26 年商業統計表　第 1 巻　産業編（総括表）」について，作表上の不具合があったので平成 28 年 6 月 30 日に不具合を修正しました。ご利用していただいている方々には，大変迷惑をおかけし申し訳ございません。平成 26 年商業統計調査結果について日本標準産業分類の第 12 回改定及び調査設計の大幅変更を行ったことに伴い，前回実施の平成 19 年調査の数値とは接続していません。（平成 26 年商業統計表　第 1 巻　産業編　経済産業省　大臣官房　調査統計グループ　平成 27 年 12 月 25 日　公表・掲載　平成 28 年　6 月 30 日　修正・掲載　平成 27 年 12 月 25 日に公表・掲載）」参照。

また，平成24年経済センサス「産業編（総括表）と産業編（都道府県表）の各第1表とそれ以外の表で事業所数及び従業者数は異なります。（経済産業省　平成24年経済センサス－活動調査　卸売業・小売業に関する集計　産業編　平成25年11月27日　公表・掲載）」参照。

参考文献

岡本廣作『卸売マーケティング』中央経済社，1966年。

尾碕眞・野本操・石川和男『流通業のマーケティング―卸・小売業の定石と新視角』五絃舎，2007年。

日経MJ（流通新聞）編集『流通・サービスの最新常識2019（日経MJトレンド情報源）』日経，2019年。

西村順二『卸売流通動態論　中間流通における仕入と販売の取引連動性』千倉書房，2009年。

三上富三郎『卸売業経営14版』同文舘，1968年。

第5章　生産者と流通

第1節　マーケティング（marketing）の誕生

生産者による流通プロセスへの介入の始まりをマーケティングの誕生と捉え，その考え方と歴史を解説していく。

1．生産者による流通プロセスへの介入

生産者の関心の変化，消費者への働きかけ，市場対応に分けて，生産者による流通プロセスへの介入を解説していく。

（1）生産者の関心の変化

かつて，小さい生産規模の段階にあった生産者は，商業者（第1章でいう流通業者）に自らの製品を販売すること以外に，流通への関わりを示すことはほとんどなかった。つまり，生産者は商業者による自社製品の再販売には関与しなかった。それにより，生産者は生産に専念することができた。

しかしながら，産業革命が起こり，生産において機械化が推進されると，生産者の生産規模は拡大した。大量生産によって規模の経済性が働き，低い生産費用で製品を生産することが可能になった。

費用には売上高の変動に反応する変動費と反応しない固定費があるが，機械化によって生産規模を拡大させた生産者は，大きな固定費を負担することになる。その負担を可能にするために，生産者は安定した製品の販売を希求するようになる[1)]。

製品を消費するのは最終顧客（消費財では消費者）である。消費者が当該製品

に対する需要を示さない限り，商業者による消費者に対する再販売は実現しない。そこで生産者は，消費者へ目を向けることになる[2)]。さらに，安定した販売のため，商業者には，競合する製品よりも自社製品を優遇してもらう必要があるので，生産者は商業者の再販売にも注目することになる。

消費者と商業者の再販売に目を向けた生産者は，消費者への直接的な働きかけを模索し始める。つまり，個別企業が生産から消費に至るプロセスのコントロールを企てるのである。ここで，マーケティングを個別企業が生産から消費に至るプロセスをコントロールする企てと捉える[3)]。この企てには，特定製品の流通プロセスにおける，商流，物流，情報流のコントロールを含む。

（2）消費者への働きかけ

生産者による消費者への直接的な働きかけは，ブランド化（branding），情報提供，商業者の組織化の側面でみられる[4)]。

1）ブランド化

自社製品が商業者による再販売で優遇され，消費者から選択してもらうためには，それが競合製品と区別される必要がある。したがって，生産者は，当該製品について，独自の名称やシンボルを与え，それにふさわしいデザインを施す必要に迫られる。つまり，生産者は自社製品についてブランド化を企てることになる。

2）情報提供

商業者は，経営上，少数の製品だけに注目することは少ない。また，特定生産者の製品に大きな関心を払わないかもしれない。したがって，生産者は，商業者を経由して，自社製品の優位性が消費者に伝わることを期待できない。生産者は，自社製品に対する消費者の愛顧獲得のために，消費者に対してブランド化した自社製品に関する情報提供を行う必要がある。それは，消費者に，店舗に出向く前に自社製品を選択してもらい，店内において自社製品を指名買いしてもらうことを目指すのである。一般的にこれはプリセリング（preselling）と呼ばれる。

3）商業者の組織化

商業者の組織化には，生産者が商業者の役割を自身で担うこと，商業者の活動をコントロールすることを含むと考えられる。生産者が商業者の役割を自身で担う例では，卸売段階までを統合する場合と，小売段階までを統合する場合がある。また，生産者が商業者の活動をコントロールする例では，生産者が卸売段階までを統合し，それをてこに小売業者の活動をコントロールする場合，生産者が卸売業者と小売業者の活動をコントロールする場合がある。生産者による商業者の組織化については，本章では，チャネルの管理として後に解説する。

なお，生産者による商業者の活動のコントロールにおいて，自社製品の再販売価格の拘束に及ぶ可能性がある。商業者が当該製品について低価格販売をするならば，高品質イメージの確立を目指す生産者にとっては，それを阻害されるかもしれない。また，小売段階の価格競争が生産者の出荷段階にまで波及して，生産者は予定する利益を獲得できなくなるかもしれない。そこで，生産者は商業者の再販売価格の拘束に及ぶことがありうるのである。

（3）市場対応

生産者の市場対応として，ここでは，市場調査（market research），製品差別化（product differentiation）と市場細分化（market segmentation）を取り上げる。

1）市場調査

消費者への働きかけを確実に遂行するためには，生産者が消費者情報を得る必要がある。生産者にとって，商業者経由で消費者情報を得る場合，必ずしも自社に必要な情報を得ることができるとは限らない。したがって，生産者は独自で消費者情報を得る努力をする[5)]。すなわち，生産者による市場調査である。

市場調査は，消費者ニーズを中心とした消費者情報や競合者情報などを，体系的に収集，蓄積，分析することをいう。生産者にとっては，市場調査は，商業者に頼らない，消費から生産への情報流のコントロールである。

2）製品差別化と市場細分化

市場において，競合者が存在する場合，生産者にとっては，消費者への働きかけは，競合者に打ち勝つことを要件とする。したがって，生産者は，製品差別化と市場細分化を考慮して，消費者への働きかけを行う。

製品差別化は，自社製品について顧客から愛顧を得ることを目的として顧客の知覚において，他の競合製品と区別することである。手段の違いから，製品自体の物理的特性，例えば，デザイン，色，パッケージ，品質などの変更による，本質的（intrinsic）差別化と，広告，商品陳列，買い物環境などの販売条件の変更による（製品以外で顧客に働きかける手段），非本質的（extrinsic）差別化が考えられる[6)]。

市場細分化は，同質の消費ニーズを持つ消費者グループを識別することである。これは，市場の異質性（heterogeneousness）を前提としている[7)]。つまり，市場には異質な消費ニーズを持つ買い手が集まっていると考えられるのである。基本的に，この異質性は，消費者（もしくは消費者グループ）ごとに消費ニーズが異なっていることを意味しているのであるが，同じ消費者であっても状況によって消費ニーズが異なることも意味する。

なお，市場細分化は，製品差別化と関連が深い。ここでは，製品差別化と市場細分化とはマーケティング上，補完関係にあると考えることにする[8)]。つまり，市場の異質性，すなわち，多様な消費ニーズ欲求に対応するために，多様な製品を提供する必要から製品差別化を行っていることである。製品差別化と市場細分化とは補完関係にあるだけでなく，代替関係にあるという見解も存在する。その場合，製品差別化と市場細分化は，マーケティングにおいて，別のアプローチであることを意味する。つまり，製品差別化は，企業がプロモーション活動によって顧客の需要関数をある程度変更させることを意味するのである。

2．マーケティングの誕生と発展の歴史

アメリカと日本におけるマーケティングの誕生と発展の歴史を簡単に記述する。

（1）アメリカにおける歴史

便宜的に，マーケティングの萌芽と発展とに分けて記述する。

1）マーケティングの萌芽

生産者，とりわけ製造業者の流通プロセスへの介入（流通介入）をマーケティングと捉えた場合，マーケティングはアメリカにおいて19世紀後半に誕生したと考えられている。南北戦争（1861～1865年）後，工業が発展した。しかし，国内の領土的フロンティアが消滅した時，海外市場に頼らない製造業者は，市場問題に対処するため，自らで市場開拓するために流通介入を始めた[9]。この時には，ブランド，包装，広告，販売員を駆使した活動が展開されたものの，企業はそれらを体系的に管理することはなかった。

1910年代に第一次世界大戦が起きて，その軍需によって好況を迎えたものの，その後1920年代には戦後恐慌が発生した。この時，産業合理化運動が起きた[10]。すでに，生産において，標準化と単純化が推し進められ，科学的管理法に基づく流れ作業の組み立ての導入によって大量生産の仕組みが生み出されていた。産業の合理化は，生産だけではなく産業組織全体におよび，流通プロセスの合理化，企業の大規模化と合同の促進もそれに含まれた[11]。流通費用の節約に大きく貢献しないにもかかわらず，流通プロセスのコントロールのため，中間商人の排除も進んだ。大量生産は大量消費を必要とする。大量消費を実現するために，企業は，広告や販売員による需要の刺激に力を入れ，高価な耐久消費財においては，割賦販売を中心とする消費者信用による購買の後押しに注意を払った。標準化・単純化された製品は多様な消費ニーズを顧みていないため，そのマーケティングは「高圧的マーケティング」にならざるを得なかった[12]。すなわち，マーケティング諸手段すべてにおいて巨大な費用をかけて，大量規格品を市場に押し込むのであった。

2）マーケティングの発展

1929年の株価暴落をきっかけに1930年代は大恐慌が起きた。消費者の購買力の落ちた時代に，高圧的な手法は通じなかった。企業はマーケティングのあり方を転換する必要に迫られた。その結果，生産したものを売ることから転換し，売れるものを生産するという発想を持つ，消費者志向の製品開発が現れ，マーケティング活動の中心になった。これはマーチャンダイジング（merchandising）と呼ばれた[13]。高圧的マーケティングに対して，「低圧的マーケティング」の時代であるといえる。この時代，購買力の落ちた消費者に受け入れられるような低価格製品が開発されるとともに，製品差別化が進展した。

1930年代後半に起きた第二次世界大戦が1945年に終結した。戦後，不況にはならず，技術革新によって新製品開発競争が起きた。過剰投資を生んだが，その中で生き残るため，企業はマーケティングをさらに転換させた。生産に先行して，製品を計画し，投資を決定する必要に迫られたのだ[14]。この時，消費者志向を柱として，さまざまな経営活動をマーケティングとして統一的に管理するマネジリアル・マーケティング（managerial marketing）の発想が生まれた。マネジリアル・マーケティングは，経営者の意思決定領域に対するマーケティングの拡大というべきもので，マーケティングを企業経営の中核に据えることを意味する[15]。

（2）日本における歴史

便宜的に，マーケティングの萌芽と発展とに分けて記述する。

1）マーケティングの萌芽

日本におけるマーケティング萌芽期の主な出来事は表5－1にみられる。日本においては，1890年代に，花王石鹸やライオン歯磨という消費財製造業者による広告の実施がみられた。それは新聞や野立看板をメディアとした広告であった。1910年代には，日本の消費財製造業者は本格的に流通介入を展開し始めたことが表よりわかる。

第二次世界大戦前，調味料製造業者である味の素に，具体的にマーケティングの萌芽を見ていく[16]。1909年以降，味の素は卸売業者を組織化していった。まず，東京の鈴木商店，名古屋の梅沢商店，大阪の松下商店を特約店とした。1910年には，大阪の松下商店を関西総代理店とした。また，1909年

表5－1　日本のマーケティング萌芽期の主な出来事

年	出来事
1890	「花王石鹸」発売，『時事新報』に最初の新聞広告。
1896	東海道沿線に花王石鹸野立看板設置。
1898	小林富二郎商店，ライオン歯磨楽隊宣伝開始。
1907	「赤玉ポートワイン」製造販売。
	寿屋洋酒店，『大阪朝日新聞』に初の新聞広告
1909	「味の素」の一般発売。
	「味の素」の広告，『東京朝日新聞』に掲載。
	東京鈴木洋酒店，名古屋梅沢商店，大阪松下商店，「味の素」の販売特約店になる。
1910	大阪松下商店，「味の素」販売の関西総代理店となる。
1914	大阪の「味の素」取扱い有力問屋による「味盛会」発足。
1915	森永製菓㈱，全国に特約店制度布く。
1917	「味の素」小売定価を廃止し建値制採用。
1919	「トリスウイスキー」製造販売。
	㈱寿屋洋酒店，東京，大阪で酒販店従業員対象の赤玉会組織。
1920	小林商店，大阪通天閣に大広告塔建設。

出所：佐々木聡「企業のマーケティング活動と広告活動」宇田川勝・中村青志編
『マテリアル日本経営史―江戸期から現在まで』有斐閣，1999年，75頁の表を抜粋。

に「理想的調味料，食料界の大革新」というコピーを用いた新聞広告を展開した。1920年からは，料理の権威者や教育者に味の素の効能を働きかけ，調理士や主婦を対象とした料理講習会を協賛し，味の素の啓蒙に努めた。1922年，特約店から小売店に至るすべての味の素販売店に，味の素の看板をかけてもらうよう働きかけた。1934年には，調査員の家庭訪問による消費者の実態調査を行っている。それにおいては，2名1組の調査員が東京の家庭を訪問し，家庭内の味の素の消費実態を調べた。味の素未使用の家庭には，サンプルや料理本を進呈した。

2）マーケティングの発展

第二次世界大戦後のマーケティングの発展を松下電器に見ていく[17]。大戦中，軍需産業に取り込まれた松下電器は，敗戦後，民間企業として復興を図った。そのプロセスで，1949年，代理店および販売店との親睦会であるナショナル共栄会を結成した。1950年，高知県下，松下は販売店と共同出資で販売会社を設立した。1府県1社を基準に販売会社の設立を進め，1959年までに全国的な販売網を編成した。1951年，ラジオ民間放送の始まりによってラジオ需要が増加したため，販売促進のため，代理店と共同出資で月賦販売会社を設立して，月賦販売の拡充に乗り出した。後には，松下製品の総合的な月賦販売会社網となった。

1951年には，事業の専門細分化方針に基づいて，松下は，製品分野ごとに，技術を向上させて，細分化した事業部門の構築に乗り出した。また，事業部ごとで行っていた広告業務を本社宣伝部に統合した。1952年，オランダのフィリップス社と技術資本提携を結んだ。同時に技術部門の本格的充実強化を始め，1953年には新しい中央研究所を設立した。なお，1951年，洗濯機，蛍光灯スタンド，1952年，テレビ，ミキサー，自転車，1953年，電気冷蔵庫，ワイヤレス・マイクを発売するなど，製品の多角化が進行した。

1956年に，名古屋の百貨店が電化製品の廉売を始め，その動きが全国的に広がった。松下はこれをきっかけに，メーカーと販売店との取引のあり方を見直し，1957年に自社製品の専売店と準専売店をナショナル・ショップに指定して，販売支援を始めた。この当時，電化製品のブームが訪れ，松下は，自動炊飯器，掃除機，ステレオ，カラーテレビなど毎年つぎつぎ発売した。

ちなみに，マーケティングという概念が日本に導入されたのは，1950年代である。生産性向上運動を背景に生まれた日本生産性本部が1955年，アメリカにトップ・マネジメント視察団を派遣した。この視察において，マーケティングの重要性が認識された。その後，マーケティング専門視察団の派遣が実現した。日本生産性本部の啓蒙活動によって，マーケティング概念が日本に広まった[18]。

3．マーケティング概念の拡張

先述のように，大規模化した製造業者の流通介入としてマーケティングを捉えることができるが，マーケティングの普及に伴いその概念は拡張した。それを反映して，マーケティングの定義が変化していった。また，近年は，その動きに関連して，企業が社会的責任を考慮したマーケティングを採用すべきであるという考えが盛んになった。

（1）マーケティング定義の変遷

マーケティング概念の拡張は３つの方向でみられる[19]。第１に，マーケティングを行う存在の拡張である。第２に，マーケティングされるものの拡張である。第3に，マーケティングする相手の拡張である。これらの拡張はマーケティング定義の変遷をもたらした。

１）マーケティングを行う存在の拡張

マーケティングを行う存在は，製造業者を中心とした営利企業から非営利組織（もしくは個人）に拡張された[20]。大学や行政府のような非営利組織が，生き残りのため，マーケティングを採用して，受益者の獲得や利害関係者（stake holder）の満足化に乗り出すようになったのだ。

２）マーケティングされるものの拡張

マーケティングされるものは，財からサービス，そしてアイディアにまで拡張された。まず，サービスを販売対象にする企業にマーケティングを応用して，サービス・マーケティングが生まれた。さらに，アイディアをマーケティングし，人々の行動を変革するという考え方が生まれた[21]。

３）マーケティングする相手の拡張

マーケティングを行う存在やマーケティングされるものの拡張は，必然的に，マーケティングする相手の拡張につながる。その相手は，消費者から社会一般（公衆）へと拡張された。これにはアイディアの受容者も含む。

4）マーケティング定義の変遷

マーケティングの定義は，以上の概念拡張を受けて，変遷を重ねた[22]。1948年のアメリカ・マーケティング協会（America Marketing Association）による定義は，「生産者から消費者あるいはユーザーに至る財とサービスの流れをコントロールする企業の諸活動の遂行」というものであった。

しかし，1970年代のマーケティング概念拡張論争を受けて，アメリカ・マーケティング協会は1985年にはつぎの定義を発表した。「マーケティングとは個人的または組織的な目的を充足する交換を創造するために，アイディア，財，サービスの，概念化，価格決定，プロモーション，および流通を計画し，実行するプロセスである」。先述の3つの拡張を反映している。

さらに，アメリカ・マーケティング協会は，2004年の改訂の後，2007年に，つぎのような定義を発表した。「マーケティングとは，顧客，依頼人，パートナー，社会全体にとって価値のある提供物を，創造，伝達，分配，交換するための活動，一連の制度，およびプロセスである」。この定義にみられる「社会全体」という言葉は，後述する企業の社会的責任論の高まりを反映している。

（2）企業の社会的責任（corporate social responsibility）

1960年代以降，消費者の権利や環境問題に対する人々の意識の高まりは，企業が営利を追求するばかりでなく，さまざまな社会問題に目を向けるべきであるという発想を生起させた。企業にとっては，企業の社会的責任を意識したマーケティングの実践が求められた[23]。企業の社会的責任を踏まえたマーケティングの取り組みとしては，つぎの6つがありうる[24]。

①　コーズ・プロモーション（cause promotion）

特定の社会的主張に対する関心を高めるため，あるいはその主張のための資金調達，ボランティア募集などを支援するために，企業が資金調達や物資供給などの形で支援を行うことである。

②　コーズ・リレーテッド・マーケティング（cause related marketing）

社会的主張のために，特定製品の売り上げの一部や企業の収益の一部を寄付することである。

③ ソーシャル・マーケティング（social marketing）

公共，公衆の健康，環境，社会福祉を改善するキャンペーンの開発・実行に企業が支援することである。コーズ・プロモーションとは違い，人々の行動変革に焦点が当てられる。

④ コーポレート・フィランソロピー（corporate philanthropy）

非営利組織（あるいは個人）の活動に対して，企業が現金や物資を寄付することである。

⑤ 地域ボランティア（corporate community involvement）

地域内で企業の従業員や関係者がボランティア活動を行うことである。

⑥ 社会的責任に基づく事業の実践（social responsible business practice）

企業が環境や人権（場合によっては動物の権利）を守る事業活動を採用することである。企業が取引先や投資先に適正な事業活動の実践を要求することも含む。

第2節 マーケティング・マネジメント (marketing management)

マネジリアル・マーケティングの発想に関連して，マーケティング・マネジメント論が展開された。これは，マーケティング目標を達成するために，ターゲットとなる消費者グループの消費ニーズを充たすことを目指して，マーケティング活動を体系立てる考え方である。一般に，マーケティング・マネジメントは，企業目標を受けて，マーケティング目標を設定し，その達成に向けて，消費ニーズを把握し，それを充足させるためのマーケティング・ミックス（marketing mix）を立案し，その実現と修正を図ることをいう。その中で，ターゲットを設定し，その消費ニーズを把握し，それを充足させるための最適なマーケティング・ミックスを立案することをマーケティング戦略と呼ぶ[25]。ここでは，マーケティング戦略の概略を説明する。

表5－2　市場細分化の基準

基準	例				
人口統計学的基準	年齢	性別	家族構成	職業	学歴
	所得	人種	社会階級	宗教など	
地理的基準	地域	人口密度	都市人口	気候など	
心理的基準	性格	ライフ・スタイルなど			
行動関連基準	購買頻度	消費状況	採用段階	ロイヤルティなど	

出所：佐々木聡「企業のマーケティング活動と広告活動」宇田川勝・中村青志編『マテリアル日本経営史―江戸期から現在まで』有斐閣，1999年，75頁の表を抜粋。

1．ターゲット設定

企業にとっては，すべての消費者を満足させることは困難であるため，ターゲットを絞ってマーケティングを展開することが通常である。ターゲット設定は市場細分化に関連している。

先述の市場細分化は，つぎの2つの論理を両立させることを目指している[26]。すなわち，消費ニーズへの対応と企業効率性の追求である。消費ニーズは，消費者ごとに異なっている。したがって，そのニーズへの効果的対応を追求すると，消費者ごとに違ったマーケティング戦略や業務が必要になる。しかし，それは非効率的で，実現困難である。売り手の企業が業務の効率性を追求すると，標準化したマーケティング戦略や業務によってどの消費にも画一的に対応することが進行する。しかし，それでは消費ニーズを充足されない消費者が多く生まれてしまう。

そこで，企業は消費ニーズが同質な一定以上の大きさの消費者グループを識別し，そのグループに合致したマーケティング戦略や業務を開発することによって，消費ニーズへの対応と企業効率性の追求を両立させようと目論むのである。識別された消費者グループは市場セグメントと呼ばれる。そして，識別された市場セグメントの中で，企業が対応を企図する市場セグメントをターゲットと呼ぶ。

市場細分化の基準には，つぎのものが考えられる[27]。すなわち，人口統計学的基準（demographic criteria），地理的基準（geographic criteria），心理的基準（psychographic criteria），行動関連基準（behavioral criteria）である。そして各基準には多くの変数が含まれている（表5－2）。

市場細分化は以下の条件の充足を考慮して行う必要がある[28]。

① 測定可能性（measurable）

市場セグメントの購買力を定量的に把握することができる。

② 到達可能性（accessible）

市場セグメントに働きかけることができる。

③ 潜在性（substance）

市場セグメントは事業採算性の観点から十分な大きさを持っている。

④ 差別性（differentiable）

市場セグメント間で区別がつき，それぞれに違ったマーケティング・ミックスで対応できる。

⑤ 実行可能性（actionable）

市場セグメントに対応するために，効果的なマーケティング・ミックスを形成することができる。

2．消費ニーズの把握

安定した製品販売を実現するためには，最終顧客である消費者の消費ニーズに合わせて製品を開発し，それを消費者の実情に合うように提供する必要がある。したがって，先述の市場調査を製品の開発や発売に先行して行う必要がある。

生産者は消費ニーズを把握するためにさまざまな方法でデータ収集を行う。一般的に，データは，その収集方法の違いから1次データ（primary data）と2次データ（secondary data）に大別することができる。

（1）1次データの収集

1次データは，調査員が自らの目的に沿って対象から直接的に収集するデータである。この収集方法には3つの方法が含まれる[29]。

① 観察法

調査員が実際の消費者や競争者のありのままの動きを観て，データを収集することである。

② 質問法

調査員が調査対象者に質問をして回答を得ることによって，データを収集することである。事前に準備した質問項目に基づいて，回答を得る方法をとることが多い。これには，個人に質問をして回答を得る個人面接，集団に質問をして回答を得る集団面接，電話を使って回答を得る電話調査，インターネット上で回答を得るオンライン調査，質問票に記入してもらうことで回答を得るアンケート調査などの方法が含まれる。

③ 実験法

仮説が実際に当てはまるかどうかを確認することを指すが，観察とは違い，実験では対象に何らかの操作を加え，それによって起こる変化を捉えて，何らかの結論を出そうとする。

（2）2次データの収集

2次データは，他の目的のために収集されたすでに存在しているデータである。多くの場合，既存資料やデータベースから収集することができる。通常，企業は，調査の効率を考え，2次データの収集から始め，それでは目的とするデータが収集しきれなかった場合に1次データ収集を行う。2次データの収集は一見簡便なようであるが，環境の変化を捉えるためには，体系的・継続的に収集しなければならない。

2次データは，情報源によって企業外データと企業内データに分けることができる[30]。企業外データは，官公庁，調査・研究機関，報道機関など企業外部の機関（もしくは個人）において収集・整理されたデータである。これらは多くの場合，公開されている。企業外データの収集は，著書，新聞，雑誌，報告書，インターネット上の記録，テレビやラジオの放送記録，各種データベースなどの収集である。企業内データは，受発注データ，業務記録などの企業において業務上発生するデータである。

３．マーケティング・ミックス

マーケティング・ミックスとは，消費者のニーズを充足するための諸活動の組み合わせをいい，一般に，頭文字をとって４Ｐと称される４つの次元で把握されている。すなわち，product（製品），price（価格），promotion（プロモーション），place（チャネル）である[31]。

ここでは，製品，価格，プロモーションについて簡単に解説する。なお，チャネルは，流通において最も重要である商流のコントロールに関わるため，後に詳細に解説する。チャネルは経路とも呼ばれる。

（１）製　品

製品に関しては，生産者は，どのような製品を提供するかについて案出する必要がある。それには，新たに製品を開発するか，既存製品を廃するかの検討を含む。さらに，生産者は，製品に対するブランド化を行う。

生産者は，つぎの段階を踏んで，新製品開発を行うと定式化されている[32]。

①　アイディアの創造

新製品につながるアイディアを複数生み出す段階である。技術的アイディアとともに，市場ニーズ充足に関するアイディアが必要である。

②　アイディアの選別

複数のアイディアから，有望なアイディアを選び出す段階である。

③　事業性の分析

選び出されたアイディアを基に，ターゲットのニーズを想定して，事業として成立するかどうか分析する段階である。

④　開発・テスト

実際に製品を開発し，それを消費者に試験的に提供して，その反応を把握する段階である。

⑤　市場導入

製品を開発・生産して，市場に導入する段階である。

ブランドは，特定の売り手が財やサービスについて，他の売り手のそれらと区別するために用いる，名称，用語，デザイン，シンボルなど（の総体）である。区別のための手段は，名称，ロゴ，シンボル，キャラクター，パッケージ，スローガン，ジングルなど多岐にわたる。ブランド化は，それら手段について，独自の案を考え出すことを指す。生産者は，消費者において，自社製品の購買につながるように，ブランドに関する知識を保有してもらう必要がある。それを形成することはブランド構築（brand building）と呼ばれる[33)]。生産者は，ブランド構築のために，製品に加え，それ以外のマーケティング・ミックス要素を動員する必要がある。

製品開発とブランド構築の違いについて，製品開発は，機能や品質に配慮した，技術力を活用した「モノの開発」であるが，ブランド構築は，消費者に対する製品による便益の提供を主眼とする「モノへの意味づけである」ということができる[34)]。

（2）価　格

企業は，製品の価格に関して，その決定において，費用，需要，競争という3つの影響要因を考慮しなければならない。どれを重視するかによって，3つの決定方法が識別できる[35)]。

費用重視型の決定方法は，製品1単位当たりで商品提供にかかる費用を積算し，それに利益を上乗せして販売価格を決める方法である。一般にコスト・プラス法（cost plus pricing）と呼ばれる。

需要重視型の決定方法は，顧客の価格に対する判断や心理，顧客の支出能力を把握して価格を決める方法である。最も単純な需要重視型の決定方法は，消費者に特定製品に対してどの程度の価格が適当なのか評価してもらい，それに基づいて価格を決定する方法である。

競争者重視型の決定方法は，競合する製品の価格に基づいて，製品の価格を決定する方法である。したがって,競合製品の価格動向を把握する必要がある。競合製品と同レベルの価格を決定すること，競合製品より低いレベルの価格を決定すること，競合製品より高いレベルの価格を決定することがありうる。このうち，競合製品より高いレベルの販売価格は，自社の製品品質やブランド力が競合製品と比べて高い場合に採用される。それらが競合製品と比べて劣る場合，価格訴求によって市場シェアの獲得を狙う場合，競合製品より低いレベルの価格を決定するかもしれない。

（3）プロモーション

一般的に企業のプロモーション（第1章でいう販売促進）とは，製品に関連する情報を提供し，顧客による自社製品の購買を刺激することを指す。プロモーションには，さまざまな情報提供活動を含む。すなわち，プロモーションの本質はコミュニケーション活動なのである。

広義には，プロモーション活動について販売を増大させる活動をすべて捉える見解が存在する。すなわち，製品，販売価格，チャネルに関する活動までもプロモーションの活動領分に含めるのである。また，セールス・プロモーションをここでいうプロモーションと同じ語義で用いる場合があるので，注意が必要である[36)]。

生産者にとっては，プロモーション活動には，消費者に対するものと，商業者に対するものがある。当然，商業者を介した間接流通の場合，生産者のプロモーション活動には消費者に対するものと商業者に対するもの両方が存在する。直接流通の場合には，生産者のプロモーション活動には商業者に対するものは含まれない。

プロモーション活動には，大きく分けて，広告（advertising）活動，人的販売

(personal selling) 活動，パブリシティー (publicity) 活動，セールス･プロモーション (sales promotion) 活動 (第1章でいう狭義の販売促進活動) が含まれると捉えることができる[37]。

広告活動は，明示された広告主が，非人的手段を通じて，有償形態で，製品，企業，アイディアに関する情報を伝達する活動である。企業が活用する主な媒体には，テレビ，ラジオ，新聞，雑誌，インターネット，チラシ，屋外看板などがある。

人的販売活動は，企業が販売員を通じて製品に関する情報を伝達し，それにより，消費者の需要を喚起したり，商業者の自社製品販売を刺激したりする活動である。人的販売活動においては，販売員は，情報提供の他に，受注，代金回収，配送，顧客情報収集も併せて行う。

パブリシティー活動とは，報道機関に対し，自社に関する情報を提供し，ニュースとして報道されるように働きかける活動をいう。媒体使用料を支払わずに，報道機関によって自社に関する情報が報道されるが，広告活動と違い，その報道は企業にとってコントロール可能ではない。

広告活動，人的販売活動，パブリシティー活動に含まれないプロモーション活動の集合をセールス・プロモーション活動という。狭義のプロモーションとも呼ばれる。これにどんな手段が含まれるのかは，論者によってまちまちである。セールス・プロモーション活動はあいまいな概念であるといえる。

(4) チャネル

チャネルとは，生産者から消費者へと至る製品の所有権移転の道筋を指す。つまり，チャネルとは，生産者から消費者へと至る製品取引の連鎖であるといえる。販売ルート，流通経路などとも呼ばれる。その道筋には，当事者として，生産者と消費者に加え，商業者である卸売業者や小売業者も含まれる。

生産者によるチャネル管理については次節で説明する。

第3節　生産者のチャネル管理

ここでは，生産者のチャネル管理に，チャネル設計とチャネル・コントロールが含まれると考える。

1．チャネル設計

チャネル設計とは，生産者から消費者に至る所有権の流れを生産者が企画することである。そのためには，チャネルのタイプと，それに影響を与える要因を理解する必要がある。

（1）チャネルのタイプ

チャネルのタイプは，長・短，広・狭，開・閉の基準によって識別することができる[38)]。

１）長・短基準

長･短基準とは，チャネルに介在する取引当事者の数のことをいう。当然，介在する取引当事者の数が少なければ短いチャネルであるといい，取引当事者の数が多ければ長いチャネルであるという。介在する取引当事者の数によって次のようなチャネルが想定できる。

①　生産者 → 消費者

直接販売（direct selling）のチャネルである。生産者が，通信販売，訪問販売，自動販売機，あるいは直営小売店舗などによって，消費者に直接，製品を販売する場合である。

②　生産者 → 小売業者 → 消費者

経営規模の大きな小売業者が卸売機能を自ら担当する場合や，生産者が卸売業を統合している場合にみられるチャネルである。

③　生産者 → 卸売業者 → 小売業者 → 消費者

伝統的なチャネルと呼ばれ，多くの消費財においてみられる。

④　生産者 → 卸売業者 → 卸売業者 → 小売業者 → 消費者

卸売が２段階に分かれているチャネルである。

２）広・狭基準

広・狭基準とは，一定地域における当該製品の取り扱い販売業者の数のことである。市場カバリッジ（market coverage）の程度であるともいえる。一定地域において，当該製品の取り扱い販売業者数が多ければ広いチャネルであるといい，当該製品の取り扱い販売業者数が少なければ狭いチャネルであるという。広・狭の程度によって，つぎのように３つの分類が考えられる。

①　集約的チャネル（intensive channel）

最も広いチャネルであり，可能な限り多くの当該製品の取り扱い販売業者を選択しようとするものである。

②　選択的チャネル（selective channel）

選択的チャネルは，集約的チャネルと独占的チャネルの中間に当たり，一定地域内で数店の取り扱い販売業者が選択される。独占的チャネル同様，当該製造業者の政策的基準によって，販売業者が選択される。独占的チャネルの利点をある程度保ちながら，市場カバリッジを広げることができるのが選択チャネルの特徴である。

③　独占的チャネル（exclusive channel）

最も狭いチャネルであり，当該製品の取り扱い販売業者を一定地域内で１つのみ選択するものである。販売業者選択に当たっては，販売能力や意欲が考慮され，当該生産者のマーケティング目標やターゲットなどに沿って選択基準が設定される。通常，独占的チャネルにおいては，販売業者に独占的な販売権が付与される一方で，当該生産者が指定する製品のすべてもしくは大部分を販売業者が販売する。

３）開・閉基準

開・閉基準とは，チャネルの占有度のことを指す。チャネルにおける当該生産者の製品のシェアともいえる。一般的には，チャネルの構成員である商業者が，当該生産者の製品専売とされているのか，それとも，競合製品の併売を認められているのかということで把握される。開・閉基準はチャネルに対するコントロールの強さに関連している。閉じたチャネルは，チャネル・リーダー（channel leader）による強いコントロールを必要とする。

（2）複数チャネルの設定

生産者にとって，同一の製品について複数の異なるチャネルを設定することがありうる。生産者が同一の製品について複数のターゲット顧客を設定した場合，それらターゲット顧客の購買行動が異なるならば，それに対応して，複数のチャネルを設定することが考えられる。例えば，価格感度の高い顧客に対しては，卸売業者を通じてディスカウント型の小売店を確保してチャネルを構築する一方，価格感度が低く，高い水準の顧客サービスを望む顧客に対しては，生産者が直接，顧客サービス水準の高い専門店を確保して別のチャネルを構築する。

また，同じ顧客に対して，製品の入手可能性を高めるために，複数のチャネルを設定することがありうる。生産者が卸売業者を通じて小売店を確保してチャネルを構築しながら，インターネット通販の事業者による販売も企図することはその一例である。

小売店チャネル（off-line channel）を有しながら，インターネット通販チャネル（on-line channel）を構築する例が近年増加している。この動きをマルチチャネル（multi-channel）と呼ぶことがある。さらに，小売店チャネルと，インターネット通販（および情報提供）を継ぎ目なく顧客が利用できるように両者を統合することをオムニチャネル（omni-channel）と呼ぶ[39]。マルチチャネルとオムニチャネルの違いは，マルチチャネルが各チャネル独立で運用することに対して，オムニチャネルは複数チャネルを統合して運用することにある[40]。同一の顧客が複数チャネルを横断的に利用することに対応する。

オムニチャネルにおいては，顧客の買い物経験の円滑化・充実化のため，売り手と買い手との接点（touch point）の統合的運用が企図される。したがって，そこでは，商流チャネルだけでなく，物流と情報流のチャネルも統合的に運用される。例えば，顧客がwebページ上の製品情報を自宅のパソコンで検索し，当該製品を小売店において確認して，職場でスマートフォンを通じて注文するという買い物行動に対して，企業は顧客を捕捉しながら，それら接点を統合して対応する[41]。

（3）チャネル設計に影響を与える要因

チャネル設計に影響を与える要因について，製品の性格，消費者の性格，自社の性格，商業者の性格に分けて取り上げる[42]。

1）製品の性格

具体的には，単価，専門性，腐敗性，季節性，流行性などの要因がありうる。

例えば，専門性が高い場合，製品購買時に消費者がさまざまなアドバイスを要求し，購買後にはアフターサービスや修理を要求する場合が多いため，それらに対応できる小売業者を選択し，コントロールを強化する必要がある。したがって，その場合，チャネルは短く，狭くなりがちである。

2）消費者の性格

消費者の地理的分散，購買頻度，1回当たりの購買量，情報探索，ライフ・スタイルなどの要因がありうる。例えば，地理的に広く分散している場合，広い地理的範囲の小売業者に製品を届けるために，卸売業者の協力を得ることが多くなり，チャネルは長くなりがちである。また，情報探索は消費者の買い物努力と言い換えることができる。その程度が低ければ，消費者は居住地の近くの小売店で即座に入手することを望む。したがって，消費者の製品入手可能性を高めるため，できるだけ多くの小売業者での取り扱いを確保する必要がある。

3）自社の性格

資金状況，製品ラインの幅・深さ，保有するノウハウ，望むチャネル・コントロールの程度などの要因がありうる。例えば，資金状況が良好でない場合には，強いチャネル・コントロールの実現が困難なため，開いたチャネルになりがちである。

4）商業者の性格

販売能力・体制，販売地域，競合製品の取り扱い，自社のマーケティングに対する協力の程度などの要因がありうる。例えば，商業者が十分な販売能力を持たない場合は，販売能力を養成するために強いチャネル・コントロールを必要とするかもしれない。

5）その他環境

技術動向，経済情勢，公共政策，競争業者などが考慮される。例えば，技術動向が変化し，コンピュータ・ネットワークを活用した電子商取引が普及してきた場合，在庫や配送が効率化し，チャネルは短くなるかもしれない。

2．チャネル・コントロール

チャネル・コントロールとは，生産者が，自らチャネル・リーダーとして設計したチャネルにおいて，自らのマーケティング目標達成にとって望ましい努力を販売業者から引き出すために，各チャネル構成員に対して，役割と目標を割り当て，動機づけようとすることである。ここでは，まず，チャネル・コントロールのパターンとして捉えることができる，垂直的マーケティング・チャネル（vertical marketing system）と流通系列化を説明し，つぎに，チャネル構成員動機づけに関連するチャネルにおける勢力基盤（power bases）とチャネルにおけるコンフリクト（conflict）の問題を説明する。

（1）垂直的マーケティング・チャネル

短・狭・併売チャネルや短・狭・専売チャネルにおいては，強いコントロールを必要とする[43]。強いチャネル・コントロールに深く関連するのがVMSの考え方である。垂直的マーケティング・チャネルとは，チャネル・リーダー（この場合，生産者）によって，販売業者としての商業者を構成員として，計画的に構築され，効率的に運営・コントロールされるチャネルのことをいう[44]。

チャネル・リーダーが，生産の地点から消費の地点までのマーケティング活動を，統合・調整し，同調させることによって，技術的，管理的，あるいはプロモーション的側面で，効率性を追求するのである。垂直的マーケティング・チャネルにはつぎの3つの種類がある。

①　企業システム

生産者が商業者を所有権統合し，自らの傘下におさめているチャネルである。そこでは，企業間の市場取引はなくなり，商業者は生産者の販売部門として機能しており，チャネル・コントロールは企業内部のコントロールに還元される。

②　管理システム

制度的に独立している各チャネル構成員が，チャネル・リーダーの勢力に基づいて，生産から流通へと至る各々の諸活動を調整しているチャネルである。

③　契約システム

制度的に独立している各チャネル構成員が，ボランタリー（voluntary）契約やフランチャイズ（franchise）契約などの法的契約に基づいて，生産から流通へと至る各々の諸活動を調整しているチャネルである。

（2）流通系列化

我が国においては，垂直的マーケティング・チャネルの構築・運営について，伝統的に流通系列化と呼ばれてきており，第二次世界大戦以降，自動車，家電品，医薬品，化粧品などの業界においてみられてきた。流通系列化にはつぎのような3つの種類を見出すことができる[45)]。

①　資本による系列化

生産者が流通段階に資本を投下することによって，流通機関の資本的統合を図る系列化のことである。さらに，それは大きく2つに分けることができる。1つは生産者が既存商業者を吸収･合併することで成立するものであり，もう1つは自らの組織を拡張することによって成立するものである（販売部門の新設）。通常は，卸売段階までを資本統合することが多い。

② 管理的系列化

生産者が販売業者に対してさまざまな経営支援を実施することによって，チャネルをコントロールしようとするものである。経営支援には，経済的な刺激としてリベート（rebate）やアローワンス（allowance）を供与することや，プロモーション材料の提供，経営診断の実施などの方法が含まれる。

③ 契約による系列化

契約による系列化は，実施に当たり，個別的契約形態と包括的契約形態に大きく分けることができる。個別的契約形態は，特定事項について個別に契約を締結し，その契約に基づいて販売業者の行動を拘束して，チャネルをコントロールしようとするものである。それには，排他条件付取引契約，再販売先制限取引契約，抱合せ販売契約，再販売価格維持契約，責任販売高制が含まれる。包括的契約形態は，個々の契約を特定の目的に合致するよう適宜組み合わせて１つの包括的な契約を締結し，その契約に基づいて販売業者の行動を拘束して，チャネルをコントロールしようとするものである。それには，代理店・特約店制，販売会社制，ボランタリー・チェーン，フランチャイズ・チェーンが含まれる。

（３）勢力基盤

チャネル・リーダーである生産者は，自らのマーケティング戦略にとって望ましい努力を他のチャネル構成員から引き出す必要がある。そのために，自らの影響力を行使しようとする。その影響力を規定するものとして勢力基盤が指摘されてきた。勢力基盤にはつぎの５つが識別されてきた[46)]。

① 報 酬

報酬は経済的利益を供与することである。生産者は，粗利益，リベートの配分，独占的販売権などについて，販売業者に対して有利な条件を供与することによって，影響力を行使することができる。

② 制 裁

制裁は，報酬とは逆に，経済的な不利益を供与することである。取引の停止・縮小や報酬の削減などによって，生産者は販売業者に対して影響力を行使することができる。

③　専門性

専門性は企業経営に関する専門的な知識やノウハウの保有を意味する。生産者が販売業者の販売活動に不可欠な専門的知識を伝授し，販売業者の業績向上に貢献することができれば，販売業者に対して影響力を行使することができるかもしれない。

④　一体性

一体性とは，他の組織が一体化したいと感じるような組織のプレステージや信用などを保有していることである。販売業者にとって望ましい信用を生産者が保有している場合，生産者は販売業者に影響力を行使することができるかもしれない。

⑤　正当性

正当性とは法的・倫理的な拘束を指す。契約によって，法的に拘束することによって，生産者は販売業者に影響力を行使することができる。

(4) チャネル・コンフリクト (channel conflict)

チャネルの構成員はチャネルの中でそれぞれの役割を担当して活動するが，必ずしも構成員間は調和しているとは限らない。利害をめぐって構成員が互いに対立し，1つのシステムとしてのチャネルは存続が危うくなることすらある。チャネルにおける構成員間の対立はチャネル・コンフリクトと呼ばれる。ここでは，異なる垂直段階に存在する構成員間のコンフリクト（垂直的コンフリクト）を想定している。ちなみに，同一の垂直的段階に存在する構成員間のコンフリクトは水平的コンフリクトと呼ばれる。チャネル・コンフリクトは，チャネル構成員間で，目標の違い，役割・領分についての意見の相違，現実についての認知の差異がある場合，発生すると考えられている[47]。

限度を超えたコンフリクトはチャネルの存続を危うくするため，チャネル・リーダーはそれをコントロールしようとする。その際，重要なのが影響力の行使である。チャネル・リーダーによる影響力の行使は，コンフリクトの原因となることがあるが，コンフリクトをコントロールする手段ともなりうる。チャネルにおけるコンフリクトを解消する方策としてつぎのようなものがある[48)]。

① 情報交換強化

業界団体への加盟や人事交流などを通じて，チャネル・メンバー間の情報の交換を強化する。

② 第三者活用

第三者機関の調停（mediation）もしくは仲裁（arbitration）に委ねる。

③ 関係的規範の構築

チャネル・メンバー間で「行動についての期待」を共有する。

④ インセンティブ活用

プロモーション援助などの十分な経済的なインセンティブを他のチャネル・メンバーに与え，それが当該メンバーの利益につながっていることを訴求する。

これらにはコンフリクトの発生を先んじて防ぐことも含まれ，いわば制度構築ということができる。

【注】

1）巨大企業が流通プロセス上の諸問題を解決するための経営技術として，マーケティングは生み出されたと理解できる。三浦信「マーケティング論の成立と展開」『商学討究』（関西学院大学）第23号，1958年，42-44頁。

2）田村正紀『流通原理』千倉書房，2001年，148-149頁。

3）同上書，236頁。

4）同上書，249-265頁；Shaw, A. W., *Some Problems in Market Distribution*, Harvard University Press, 1915.（丹下博文訳『市場流通に関する諸問題〔増補改訂版〕』白桃書房，1998年）。

5）実際には，生産者は，消費者の消費ニーズに関する情報だけでなく，企業内部・外部のさまざまな情報を収集し，売上の予測をして，マーケティング活動を推進することが求められる。Lazer, W., “Sales Forecasting : Key to Integrated Management,” reprinted in W. Lazer and E. J. Kelley ed., *Managerial Marketing : Perspectives and Viewpoints*, second ed., R. D. Irwin, 1962, pp.282-289.

6）Fisk, G., *Marketing Systems : An Introductory Analysis*, Harper and Row, 1967, p.629.

7）田村，前掲書，pp.244-245.

8）Dickson, P. R. and J. M. Ginter, “Market Segmentation, Product Differentiation, and Marketing Strategy,” *Journal of Marketing*, Vol.51, April, 1987, pp.1-3 ; Smith, W., “Product Differentiation and Market Segmentation as Alternative Marketing Strategies,” *Journal of Marketing*, Vol.21, July, 1956, p.5.

9）白髭武『アメリカマーケティング発達史』実教出版，1978年，49-168頁。

10）光澤滋朗『マーケティング管理の生成と発展』啓文社，1980年，79-82頁。

11）白髭，前掲書，171頁。

12）同上書，191-193頁。

13）三浦，前掲稿，50-51頁。

14）森下二次也「続 Managerial Marketing の現在的性格について」『経営研究』第41号，1959年，4頁。

15）Borch, F. J., “The Marketing Philosophy As a Way of Business Life,” reprinted in Lazer and Kelley, *ibid.* pp14-15.

16）味の素株式会社社史編纂室『味の素株式会社社史1』日本経営史研究所，1971年。

17）松下電器株式会社創業五十周年記念行事準備委員会『松下電器五十年の略史』，1968年。

18）横田澄司「日本的マーケティングの源流を探る――主としてマーケティング導入期（昭和30年代初期）の検討」『明治大学社会科学研究所紀要』第23集，1985年，137-173頁。

19）堀越比呂志『マーケティング・メタ・リサーチ――マーケティング研究の対象・方法・構造』千倉書房，2005年，122-123頁。

20）Kotler, P. and Levy, S. J., “Broadning the Concept of Marketing,” *Journal of Marketing*, Vol.33, January, 1969, pp.10-15.

21）Kotler, P. and Zaltman, G., “Social Marketing : An Approach to Planned Social Change,” *Journal of Marketing*, Vol.35, July, 1971, pp.3-12.

22）堀越，前掲書，119-121頁。

23）Lazer, W., “Marketing Changing Social Relationships,” *Journal of Marketing*, Vol.33, January, 1969, pp.3-9.

24）Kotler, P. and Lee, N., *Corporate Social Responsibility : Doing the Most Good for Your Company and Your Cause*, Wiley, 2004.（恩蔵直人監訳『社会的責任のマーケティング：事業の成

功とCSRを両立する』東洋経済新報社，2007年）．

25）Oxenfeldt, A. R., “The Formulation of a Market Strategy,” reprinted in Lazer and Kelley, *ibid.*, pp.34-44.

26）田村，前掲書，252頁。

27）Kotler, P. and Keller, K. L., *Marketing Management*, 14th. ed., Pearson, 2011, pp.236-251.

28）*ibid.*, pp.253-254.

29）宮澤永光『基本マーケティング』白桃書房，1995年，76-80頁。

30）同上書，75-76頁。

31）McCarthy, E.J., *Basic Marketing : A Managerial Approach*, revised ed. R. D. Irwin., 1964, pp.38-40.

32）１つの段階が終われば，つぎの段階が始まるリレー式が基本であるが，複数の段階を並行して進めることもありうる。竹内弘高・野中郁次郎「製品開発プロセスのマネジメント」『ビジネスレビュー』第32巻第4号，1985年，24-44頁。

33）青木幸弘「ブランド政策」池尾恭一・青木幸弘・南知恵子・井上哲浩『マーケティング』有斐閣，2010年，415頁。

34）同上書，415-416頁。

35）企業はどれか１つの方法にのみ依拠して価格を決定するというわけではない。3つの方法を併用することがありうる。

36）清水晶『販売促進』〔増補版〕同文舘出版，1961年，41-60頁；橋本勲『現代マーケティング論』新評論，1973年，269-271頁。

37）プロモーション活動については，宮澤，前掲書，198-224頁を参照。

38）風呂勉『マーケティング・チャネル行動論』千倉書房，1968年，202-210頁。

39）もともとオムニチャネルは，インターネット通販に顧客を奪われた小売店が顧客を取り戻すために考え出された。つまり，小売店では商品実物を確認して，インターネット通販で注文する顧客の登場に対処するため，小売店側がインターネット活用強化によってインターネット利用者の小売店利用の増進を図る過程で提唱された。現在では，生産者による活用例も含める。

40）Verhoef, P. C., Kannan, P. K. and Inman, J. J., “From Multi-Channel Retailing to Omni-Channel Retailing: Introduction to the Special Issue on Multi-Channel Retailing,” *Journal of Retailing*, Vol.91, No.2, 2015, pp.175-176.

41）山本昭二「オムニチャネルの特性と消費者行動」『ビジネス＆アカウンティングレビュー』（関西学院大学），第16号，2015年，55-68頁参照。

42）宮澤，前掲書，155-157頁参照。

43) 長・広・併売チャネルにおいては，必ずしも強いコントロールを必要とはしないため，伝統的チャネルが選択されがちである。伝統的チャネルとは，チャネル構成員間の結びつきが弱く，それぞれが自立しており，チャネル・リーダーが存在しない，システム化されていないチャネルをいう。

44) MacCammon, Jr., B. C., "Perspectives for Distribution Programming," in Bucklin, L. P. (ed.), *Vertical Marketing Systems*, Scott, Foresman and Co., 1970, p.43 参照。

45) 兼村栄哲「マーケティング・チャネル」有馬賢治・岩本俊彦・小宮路雅博編著『バリュー・クリエイション・マーケティング』税務経理協会，1998 年，122 頁；木綿良行「マーケティング・チャネル政策」木綿良行・懸田豊・三村優美子『テキストブック現代マーケティング論』〔新版〕有斐閣，1999 年，113 頁。

46) French, J. and Reven, B., "The Bases of Social Power," Cartwright, D. (ed.), *Studies in Social Power*, University of Michigan Press, 1959, pp.150-167；石井淳蔵『流通におけるパワーと対立』千倉書房，1983 年，38-46 頁。

47) 石井，同上書，46-52 頁。

48) Palmatier, R. W., Sivadas, E., Stern, L. W., and El-Ansary, A. I., *Marketing Channnel Strategy : An Omni-Channel Approach*, 9th.ed., Routledge, 2019, pp.162-167.

参考文献

石井淳蔵・嶋口充輝・栗木契・余田拓郎『ゼミナール　マーケティング入門』（第 2 版）日本経済新聞社，2013 年。

恩蔵直人『マーケティング』（第 2 版）日本経済新聞出版社，2019 年。

第6章　情報と流通

第1節　情報化社会の進展と商業

我々は日常，財やサービスを消費して生活するように，コンピュータ（computer）とネットワーク（network）に関わらない日は無いだろう。直接的にスマートフォンを利用し，友人とのコミュニケーションをはじめ，買物，イベントの予約等々を行っている。また，銀行のATM（Automated Teller Machine），公共交通機関の券売機，バス・電車の乗り降り，高速道路の出入り，コンビニ・スーパー等の買い物時のPOSシステム（Point of Sales System），インターネット（internet）[1]による情報の受発信等々といえる。さらに，間接的に宅急便の荷物追跡や郵便番号読み取り，道路の制御，自動車のエンジン制御，電気製品の制御等に利用されている。このように，現在我々はコンピュータおよびネットワーク社会の中に組み込まれ生活しているといえよう。

このようなコンピュータおよびネットワークに組み込まれ便利な生活が享受できるという情報化社会論は，1980年代に述べられた[2]。

この1980年代の多くの論議は，今日，現実の姿になりつつある。情報社会は日々進展しているといえる。したがって，今日，コンピュータによるトータルネットワークシステムを中心とした社会を好むと好まざるに関わらず，我々は避けてとおることはできないといえる。

ところが，コンピュータの一般利用は各段階を経由して経過し，かなりの時間を要した。本格的情報社会誕生のためには，汎用機からパソコンの時代に移り，ネットワークも閉鎖的なものから開放的なインターネットが利用できる段階まで待たねばならなかった。しかし，パソコンの通信ソフトの標準化はネットワークを世界に拡げ，その利用範囲は大きくなったといえよう[3)]。

このような状況下で，流通部門にもコンピュータ化の波は押し寄せ，複雑で突発的な取引が多い小売業のコンピュータ利用が進められた。

過去，流通部門には生産部門のような機械化はありえないといわれてきたが，情報化社会の進展により，商用コンピュータを中心とする重装備化は一般的となった[4)]。とりわけ，販売時点でのコンピュータ管理はPOSシステムが利用された。さらに，ネットワーク化は物流の合理化，企業間取引，電子データ交換を可能にし，流通部門の生産性を向上させた。

第2節　流通情報システムと商業

コンピュータを中心とした社会は先述の如く当然，流通部門にもコンピュータによる機械化を要請した。

流通部門，とりわけ商業部門はアイテム数が多く，取引が複雑なことから生産部門よりかなり遅れてコンピュータ化が始まった。コンピュータは周知のように数値計算，制御の機械であり，不規則で頻繁な入出力には不向きであったが，そのうち，コンピュータは給与計算，在庫管理，顧客管理等商用に使われ，その後の飛躍的な情報処理技術の発展とバーコードの普及[5)]は複雑な取引をする小売業にまで標準化を可能としてきた。

販売時点でのコンピュータ管理はPOSシステムと呼ばれ，SA（ストア・オートメーション）の推進役となった[6)]。さらに，ネットワーク化は物流の合理化，企業間取引，電子データ交換を可能にし，流通部門の生産性を向上させた。また，コンピュータによる収集データを利用し，市場変化の分析等がなされ，市場の必要性への対応や効率的在庫管理という経営戦略にまで活用されてきている。

この活用は，プログラム化できる情報を人間が創造的に処理し意思決定に役立てるものといえる。この意味から情報化はコンピュータでできることはコンピュータで処理し，それに人間が創造的処理をする[7)]というコンピュータと人間の有機的協同システムといえる[8]。

しかし，コンピュータが出力する情報は，人間が必要な情報を人間が作ったプログラムによって処理しているものにほかならない。つまり，決められた手順により必要なプログラム化情報が提示されるといえよう。しかし，情報はプログラム化されるもののみではなく，プログラム化できない情報も含まれる。日常生活で突発的に起きる問題の解決はプログラム化できる情報ではなく，プログラム化できない情報が重視される。反復する問題解決はプログラム化できる情報で処理できる。あらかじめ定められ繰り返し情報を処理することはコンピュータが最も得意とするところといえる。

現代はコンピュータによるトータルネットワークシステムの社会であり電子情報流通といえるが，それら情報を人間が選別し，または加工し意思決定に利用できるように創造すべきであろう。また，情報化社会といえども，コンピュータによらないプログラム化できない情報も重要であることはいうまでもない。

第3節　POSシステムと商業

1　POSシステムの概要と特徴

POSシステムは，コンピュータを利用し販売時点で売れた商品等の情報を瞬時に把握する販売時点情報管理システムといえよう。

販売時点の情報を収集し活用する方法はこれまでもなされてきたが，それは部門ごと，売り場ごとに商品管理をすることが一般的であった。POSシステムでは売れた商品の情報を単品で捉え，コンピュータを利用し商品管理や販売管理，顧客管理等に利用するものである。単品管理であることから売れ筋商品，死に筋商品が把握可能であり，コンピュータを駆使していることから即，情報を入手できる。即座に売れ筋商品と死に筋商品を知ることができることが特徴の1つといえよう。

この単品管理のためには1品1品に商品のコードが必要となる。そのコードは商品によって大きく2つに分類される。食品，雑貨等はバーコード，OCR値札は衣料品，靴，鞄等にもちいられる。この商品コード体系の違いから，食品・雑貨型 POS システムと衣料品・耐久消費財型 POS システムに大きく分類される。この単品による商品管理は，商品コードを POS ターミナルのスキャナーで入力，商品コードをコンピュータへ送る。コンピュータで処理し，その商品の価格，商品名等を出力し，他方その情報を記録する。さらに，商品ごとの販売数，在庫数等を記憶する。この一連の流れから，いつでも商品ごとの販売数，在庫数等が把握でき商品管理に活用できる。

商品利益管理（DDP）は，商品の棚管理における直接的利益を求めるものである。商品の販売価格から仕入価格を差し引いて得た粗利益から販売経費を差し引き，利益を求める。このような方法で利益が高い商品を選びだし，品揃えすることが考えられている。

また，顧客管理の活用が可能となるが，通常カードを利用し，顧客の購買動向を把握することが多い。

さらに，従業員管理に活用でき，販売データに販売員コードを付すと販売員の成績，能力，生産性が把握できる。

この POS システムの利用を一般化したのは，先述したバーコードであるといえよう。とりわけ，JAN コードは入力を標準化した。このコードは国，メーカー，商品アイテム，チェックデジットで構成され，国際的互換性を持っている[9)]。JAN コードは共通化されていることから，小売業の販売時点情報管理活用のみでなく，受発注や販売データのフィードバック等，卸売業やメーカーにも情報が活用できることになる。

POS システムはコンピュータによる販売管理システムといえよう。コンピュータは入力，処理，出力という一連の流れによってその仕事が完了する。商業，特に小売業における商品の販売時点における複雑な処理は，標準化された入力方式を求めていた。ソースマーキングされたバーコードはそれを解決し，さらに小売業が一品一品に値札を付ける作業も省略したといえる。入力方式の確定と JAN コードのソースマーキングの普及はコンピュータ化を進展させた。コンピュータは入力された情報をあらかじめ決められた手順で処理し，その結

図6－1　JANコードシンボル

出所：（財）流通システム開発センター『概説流通情報システム化 2005年版』第2版，2005年，1頁。

果を出力することは得意の仕事である。そこで蓄積される数々の情報は記憶され，商品管理等に活用され，データベースが構築される。

このシステムにより多くの情報が得られるが，この情報は過去のものであり創造的ではないことや，情報はそのシステムを使用している範囲に限定されていることを確認しておきたい[10)]。

POSシステムは商業の情報化といえるが，正確にはコンピュータ化，機械化というべきだろう。したがって，機械と人間の協同システムが構築される必要があろう。

2　POSシステムの利用と商業経営

先述のように，POSシステムは省力化，商品管理，顧客管理，取引管理，従業員管理等に活用される。このうち商品情報を活用する商品管理と顧客情報を活用する顧客管理について検討する。

商品管理は商品売り上げ基礎データを分析し，適切な品揃え，適切な価格，適切な在庫を実現する。さらに，在庫商品の売れ筋，死に筋把握が即わかることから，死に筋商品の早期カットと売れ筋商品への在庫の絞り込みができる。ただし，ステープル商品はABC分析を，ファッション商品は販売率を利用する。POSシステムは単品管理により個々の商品の状況を具体的に把握できるが，単品にて数量的把握をすると売れない商品は常にカットしてしまいがちなので，見せ筋商品，季節商品，特殊商品等には注意を要する。また，商品価格との関連や商品陳列，販売方法，ショッピング・バスケット分析を考慮する必要があろう。

顧客管理にはカード等が利用され，購買傾向，商圏把握に利用されている。このカード等は入会時に会員属性を記入していることから，顧客が買い物する都度，購買データによって顧客管理分析が可能になる。例えば，顧客の期間の購買順位，来店頻度によって，商店の支持顧客を把握できる。また，地区別購買順位によって商圏地図を作成し，商圏の偏りや弱い地域を把握し，検討する。また商圏地域を分割し，オピニオンリーダをパネラーとして定期的に商圏パネル調査をする必要があるだろう。また，購買商品から消費者行動やパターンを読み取る必要があろう。さらに，顧客アンケートや友の会の意見聴取により，定性情報を収集し，情報分析に役立てる等である。

また，コンビニはPOSシステムを使いこなし効率化を推進しているばかりか，ネットワークの有効活用やマルチメディア等までも使いこなしている。マルチメディア活用は，動画・静止画・音声・文字・数値データといった多様な情報を店舗に提供している。また，各店舗の商品発注担当者は，コンピュータの画面上で最新の商品情報や天候・催事をチェックしたり，現在放映中のテレビコマーシャルを見たり，商品陳列方法を確認することが簡単にできる。さらに，日本語入力キーボードを利用した店内コミュニケーションの円滑化や，さまざまな販売実績等のデータベース化が可能である。このように高度なネットワークシステムといえよう[11)]。

以上は個別のPOSデータ活用であるが，データ共有化が進展している。これが流通POSデータベースシステム（Ryutsuu POS Database Service: 以下RDSと略す）と呼ばれるものである。このRDSは79年にPOSデータ活用可能性に関する研究から始まり，85年RDS第1次実験を開始したときの参加は89店舗であったが，93年にはRDS参加企業330店舗となり，この参加企業に分析データの提供が開始された。98年にはインターネット利用による新商品売れ筋ランキングのサービス提供が445店舗に開始され，データベースの共有化が推進されている。さらに財団法人流通システム開発センターはPOSデータの共有化により流通効率化，地域や企業規模の偏在化是正の実現を目指し，このシステムを運営している。このシステムは，個店のPOSデータがサポートセンター（VAN，ソフトハウス等）から，インターネットを介しRDSセンターに送信され，データベース化される。このデータベースはPOSデータベースサービス企業に提供され，POSデータベースサービス企業はマーケット情報として販売し，この情報をメーカー，卸売，小売が活用する。メーカーは市場競合分析，新製品の動き，商品開発の分析等に活用できる。卸売業はリテールサポート，市場動向等を，小売業は売れ筋，機会損失，実施価格等に活用できる[12)]。

第4節　EDI（electronic data interchange）と流通

1　EDIとは

EDIは，商取引（受発注）のデータ交換に関する標準規約に基づく企業間オンラインデータ交換システムであり，企業間の標準化された電子的書類交換といえよう。この特徴は「第1に企業間でデータ交換を行う時に，企業内の商取引に伴う事務の手続きの標準化，すなわち企業間のビジネスプロトコルの標準化をはかることで，データ処理の簡素化が行われる。第2にコンピュータオンラインネットワークを標準として，企業間の電子データ交換の標準化を図ることで，処理の迅速化，省力化，合理化を図る」[13)] ことである。

つまり，EDIが実施されることで他企業間の商取引データ交換が，1つの標準システムでデータ処理することが可能となり，事務経費の削減と合理化，省力化および取引の迅速化をもたらすといえる。

過去，データ交換はコンピュータシステムが違えば，手順・方式が異なり実行することが困難であった。そこで，オンライン伝送制御手順の標準化を進めたのである。

日本チェーンストア協会は1980年，JCA手順を定めた，これに基づき1982年，オンラインデータ交換システム委員会によって標準伝送手順，J手順が決められた。この手順はこれまでコンピュータのメーカーが異なり，また異機種ではオンラインが困難であったものを解決し，小売業と卸売業，メーカー間でオンラインによるデータ交換を容易にしたといえる。このJ手順は流通業のみではなく，金融，運輸業，VANにも利用され，企業間オンラインデータ交換システムが普及した。

近年，交換データの量が増大し，この手順では通信速度が遅いため，高速で信頼性の高いJCA・H手順が使用されてきている[14)]。

このEDI標準規約により，メーカー，卸，小売間の商取引等が容易となったが，EDIシステムはオンラインによる情報の交換が主目的ではなく，企業間の商取引に伴う事務処理の合理化，省力化である。多数の企業からなるネットワークシステムでは全企業の合理化，省力化を進めるためには標準化であり，その推進といえよう。

2　EDIの活用

情報化は企業内情報システムに始まったが，EDIは卸売業，メーカー，金融業，物流業，サービス業間を有機的に結合する情報システムを構築した。このような有機的情報システムは商業のみの取引に限定されないことから，流通情報システムと呼ぶことができよう。流通情報システムは，受発注，出荷，納品，請求，支払い，問い合わせ等取引を低コスト，低リスク，迅速，正確に行うものであり，企業間データ交換システムである。

つまり，取引は企業間データ交換システムにより，迅速化，転記ミスの削減，ペーパレス化等のメリットが生じるのである。電話を利用し，情報を交換すると正確に伝わる保証は常ではない。EDIによれば聞き間違いは減少する。また，高速伝送される。

ところで，「流通業は受発注を中心にEDIが広く普及しており，物流の合理化にも努力しているが今後より低価格な商品販売を実現するためにはより一層の合理化努力が必要となり，そのためには，商品取引の方法そのものから見直す段階となった。わが国のいわゆる商慣行といわれるものを見直し，より合理的な取引方法に改善することが必要となってくる」[15] ため，EDI によるデータ交換は流通部門の合理的取引方法を進展させた。

3　EDI の進展

データ交換が進展し，インターネットの普及に伴い TCP/IP との互換が求められた。さまざまなデータ交換が低コストで，世界規模で行えるメリットが認められる。さらに，通信上の安全，通信速度，転送データの正確性が指摘できる。流通システム開発センターは，流通業界，クレジット業界の主だった企業からの要望を受け，自主研究として高度な安全性・信頼性を要求される，企業向けの次世代 IP（Internet Protocol）ネットワークの構築技術である OBN（Open Business Network）技術を開発した。そして OBN 技術の供与を希望する通信機器メーカーおよび通信会社を募り，現在は NTT コミュニケーションズ（株）より OBN サービスが，高度な安全性・信頼性を保証した企業向け IP 通信ネットワークとして提供されている [16]。

第5節　電子商取引

1．電子商取引とは何か

2001年に経済協力開発機構（Organization for Economic Co-operation and Development: OECD）が電子商取引の定義を発表した [17]。それによれば，電子商取引を広義（broad definition）と狭義（narrow definition）で捉えている。

広義には，電子商取引は，物・サービスの売却あるいは購入であり，企業，世帯，個人，政府，その他公的あるいは私的機関の間で，コンピュータを介したネットワーク上で行われるものである。物・サービスの注文はこれらのネットワーク上で行われるが，支払いおよび配送はオンラインで行われてもオフラインで行われても構わない。

狭義には，物・サービスの売却あるいは購入であり，企業，世帯，個人，政府，その他公的あるいは私的機関の間で，インターネット上で行われるものである。物・サービスの注文はインターネット上で行われるが，支払いおよび配送はオンラインで行われてもオフラインで行われても構わない。

広義の場合，電子商取引にはインターネット上の取引と，EDIのような企業間の閉じたネットワーク上の取引を含んでいる。狭義の場合，インターネット上の取引を取り上げる。

OECDの定義を受けて，日本の経済産業省は電子商取引をつぎのように定義づけている[18]。広義には，コンピューター・ネットワーク・システムを介して商取引が行われ，かつ，その成約金額が捕捉されるもの，狭義には，インターネット技術を用いたコンピューター・ネットワーク・システムを介して商取引が行われ，かつ，その成約金額が捕捉されるものである。なお，ここでの商取引とは，経済主体間で財の商業的移転に関わる受発注者間の物品，サービス，情報，金銭の交換をいう。本節では，狭義を主に検討していく。

以上の議論を受けて，つぎの電子商取引の要件が浮かび上がる。すなわち，売買契約に関する最終指示(受発注)がインターネット上で行われることである。したがって，受発注前の売り手と買い手との交渉（買い手による製品情報や見積もりの入手なども含む）がインターネット上で行われたとしても，受発注が対面，電話，FAXで行われた場合は電子商取引とはみなさない。また，決済はインターネット上で行われなくてもよいので，売買契約成立後，買い手が銀行振込で代金を支払ったり，手形を使ったりする場合でも，売買指示がインターネット上で行われる限り，電子商取引と考える。さらに，財の取引の場合，インターネット上で商品を買い手に届けることは不可能であるので，その配送は別途行うことになるが，それでも電子商取引とみなす。

経済産業省は，電子商取引の市場分野をデジタル系，サービス系，物販系に分けている[19]。デジタル系は，ゲーム，書籍，音楽などに関するデジタルデータの取引を指している。サービス系は，旅行，金融，飲食などに関する取引を指している。物販系は，食料品，家電品，衣料品など財の取引を指している。流通論において対象となるのは物販系である。また，取引当事者によって，企業間取引（B to B），企業消費者間取引（B to C），消費者間取引（C to C）に分けることができる。前節でEDIに関する説明があるため，B to Bについては本節では割愛し，財の電子商取引（物販系）について，B to CとC to Cに分けてその仕組みを説明していく。

2．B to C取引

財のインターネット上のB to C取引は，インターネット通販に相当する。インターネット通販は，当然のことながら，通信媒体を活用して商品を販売する営業形態である通販の一種である。事業者は，インターネットを通じて商品に関する情報を買い手である消費者に提供する。消費者は，インターネットを通じてその情報を閲覧し，事業者がwebページ上に作成した画面にしたがって発注する。消費者は，決済手段を，クレジットカード，銀行振込，代金引換などから選択する。事業者は受注後，商品を消費者の指定した場所に配送する手続きをとる。

インターネット通販には，他の代表的通販であるカタログ通販（郵便を活用）と比較して，つぎの特徴がある。

第1に，多様な情報を買い手に届けることができる。すなわち，インターネットでは，文章，音声，写真，動画など多様な表現手段を駆使することができる。

第2に，事業者の市場参入が容易である。インターネットによる情報提供は，その費用がカタログの印刷・郵送に比較して低い。

第3に，商圏が広い。事業者のwebページは世界中からアクセスすることが可能であるため，商圏は広くなりがちである。

第4に，品揃えが豊富である。webページ上は物理的制約がなく，低い費用で多数の商品を掲載することが可能である。

第5に，提供情報を消費者ごとに調整（customizing）できる。消費者の購買・

閲覧履歴に基づいて，推奨商品の情報を呈示することができる。

インターネット通販には運営形態として，直販型，モール型が存在する。直販型は，事業者が自らで商品を仕入れてインターネットを通じて販売する形態である。基本的に，事業者は自社独自のインターネット通販サイトを提示し，そこに顧客を誘引して販売の実現に努める。モール型は，通販サイトの作成・提示，決済，商品配送などを含む通販システムを作り上げて，それを運営するサービス事業者（モール運営者）が，複数の出店者を募集し，その出店者が商品の仕入れと販売を行う形態である。モール運営者はインターネット通販の「場」であるシステムを出店者に提供するが，自らは販売を行わない。出店者はモール運営事業者に対して，出店料，システム利用料，手数料などを支払う。同一の通販サイトで直販型とモール型を組み合わせる例がある。

3．C to C取引

財のインターネット上のC to C取引には，フリー・マーケット（flea market）とオークション（auction）が含まれる[20]。

フリー・マーケットは，出品者である消費者が，余剰品，中古品，手工芸品などに関する情報をインターネット上で提示し，別の消費者（購買者）がそれをインターネット上で検索して，気に入った商品に対して発注する取引形態である。フリー・マーケットでは，後述するオークションとは違い，出品者が商品の価格を設定・提示する。多くの場合，サービス事業者がフリー・マーケット用サイトを作成し，消費者間取引の機会を提供している。それには，決済や取引当事者間の連絡システムを組み込んでいる。さらにはスマートフォン用のアプリケーションを提供している。消費者はそのアプリケーションを自らのスマートフォンにダウンロードして，それを活用して取引を行う。出品者はシステム利用料や販売手数料をサービス事業者に支払う。

オークションは，出品者である消費者が，余剰品，中古品，手工芸品などに関する情報をインターネット上で提示し，別の消費者（入札者）がそれをインターネット上で検索して，気に入った商品について購入希望額を指定して入札する取引形態である。当該入札者が他の入札者よりも良い取引条件を提示した場合，落札することができる。多くの場合，サービス事業者がオークション用サイトを作り上げ，消費者間取引の機会を提供している。それには，決済や取引当事者間の連絡システムを組み込んでいる。さらにはスマートフォン用のアプリケーションを製作している。消費者はそのアプリケーションを自らのスマートフォンにダウンロードして，それを活用して取引を行う。出品者はシステム利用料や販売手数料をサービス事業者に支払う。

第６節　商業と情報

流通業が関わる情報のうち，コンピュータで情報処理がなされるものについて検討してきた。

中でも，コンピュータの高度化とバーコードによる標準化は販売時点での情報処理を可能にし，大型小売業やコンビニエンス・ストアを中心にシステム化が推進した。

コンピュータによる販売時点での情報管理を行う POS システムは，勘から数値データによる管理を可能にした。また，ネットワークによる EDI は，情報の交換を効率化，合理化した。さらに，このコンピュータ化は流通業の情報化とともに生産性向上に貢献したといえよう。

このように，コンピュータによる情報化は，流通業とりわけ商業の近代化を推進したといえるが，大型商業の情報システム重装備化は中小商業の情報システム格差を拡大した。中小商業にはコンピュータ化の課題が残されているといえる。

商業における情報化はコンピュータ化のみではない，数量化できない要因の情報化であろう。例えば，POS システムは数値データによる情報を提供するが，それは，過去の情報であること，在庫商品の販売時点に限定されたものであることから，将来の情報や在庫商品以外の売れ筋・死に筋を明らかにするものではない。それらの情報処理は，POS データの人間による創造的情報処理や，他のデータを利用し統合的に創造することになるだろう。

複雑な消費者の心理状態や生活状況は数値化できない情報が含まれ，それが重要になることが少なくない。しかし，過去，勘を中心としていた商業にとって，POSシステムからの情報はそのデータを利用した創造的意思決定を可能にしたといえる。

ところで，過去，商業は交換を媒介として文化を伝播してきた。それぞれの地域は独自の文化や価値を形成してきたが，商業はそれを移動させ，地域特性の変化を促した。商業は情報を受発信する機能があり，現在も過去においても中心的役割を担うものといえよう。

商業と情報を消費者の観点からみると，コンピュータ化と感性・価値観等に大きく2つに分けることが可能となる。前者はPOSシステムに代表される，後者は文化，商品情報，販売員からの情報，商業集積・店舗が持つ雰囲気・満足，顧客利益情報等といえる。

小売業は消費者の購買代理機能であり，POSシステムにより消費者行動が分析され，その情報は消費者へ利益としてフィードバックされ，消費者の満足する品揃え等に反映される。他方，消費者は商品を購入することにより，満足するのではなく，それを使う過程において効用を評価する。したがって商品情報，販売員からの情報等を重視するだろう。

コンピュータ化そのものが商業の情報化と感じさせる今日ではあるが，本来は感性や価値観等に対応する情報が重要である。そこでコンピュータを利用し，消費者の満足や合理化，効用化のための情報とコンピュータによらない情報の両利用が商業の情報化と考えるべきである。

【注】

1）インターネットは，Eメール（Electronic Mail），ファイル転送（FTP: File Transfer Protocol），遠隔操作（Telnet），WWW（World Wide Web）が可能な開放的ネットワークである。

2）Alvin Toffler（1980）は *The Third Wave* で，この社会は情報が多く，情報社会となり，

情報体系がつくられ，コンピュータを中心とした情報に基づく高度電子社会へ移行すると述べている。今井賢一（1984）は『情報ネットワーク社会』のなかで，産業社会は情報が決定的な重要性を持つ段階に入ったと述べている。David Lyon（1988）は *The Information Society* で，情報化社会は情報技術に支えられた社会であり，どの分野でも情報技術を利用しないと仕事が円滑に進まなくなったと述べ，さらに，情報化社会は情報技術に支えられた社会であり，シリコン・チップの豊かな恩恵を受けている社会と述べている。

我が国の情報化の進展について，産業構造審議会・情報産業部会中間答申（1983）によれば，1960年代後半～70年代を産業界のコンピュータ導入を中心とする第１次情報化革命とし，それ以降を情報処理技術と通信技術の飛躍的発展とその結合によるネットワーク化の進展による第２次情報化革命と述べている。また，通商産業省機械情報局（1985）は報告書「ニューメディア・コミュニティ構想について」の中でネットワーク化の進展は点から面へと展開し，産業，社会，生活のあらゆる分野に広がりつつあるとし，情報の便益を享受することを述べている。

3）インターネットの通信プロトコル TCP/IP は，超高速送信でき画像や映像を送ることができる。この通信プロトコルの標準化がインターネットを普及させたといえる。

4）糸園辰雄は，競争上で優位を占めるために競って重装備が急がれているとしている。糸園辰雄「流通費用」合力栄・白石善章編著『現代商業論』新評論，1986年，49頁。

5）浅野恭右「バーコードシステムの未来」『月刊バーコード１月号』Vol. 3 No1，1990年，29頁。

6）関川仁美「SA システムの現状と展望」『データ通信』Vol.19，No. 9，1987年，30-34頁。

7）末松玄六「現代企業の経営行動総説」末松玄六編著『現代企業の経営行動』丸善，1977年，23-24頁。

8）尾碕眞『経営の組織と情報管理』中部日本教育文化会，1994年，35-36，158頁。

9）（財）流通システム開発センター『流通情報システム化の現状と動向 2015 − 2016年』，2015年，45-46頁。

10）尾碕，前掲書，158頁。

11）https://www.sej.co.jp/company/aboutsej/info_01.html（2019年８月27日閲覧）。

12）（財）流通システム開発センター，前掲書，128頁；（財）流通システム開発センター『流通情報システム化の現状と動向』，2005年，262-269頁。

13）浅野恭右『流通情報ネットワークの実際』日本実業出版社，1990年，34-36頁。

14）浅野恭右『流通情報戦略読本』（第２版）日本工業新聞社，1990年，85-87，122-125，168頁。

15）（財）流通システム開発センター　コードセンターニュース「いよいよＨ手順実稼動へ」

第67号，1993年，５，１。

16）OBN（Open Business Network）とは，流通業界の標準化団体である（財）流通システム開発センターが開発したイントラネット／エクストラネット向けのネットワーク仕様（OBN仕様）に基づいて，NTTコミュニケーションズ，およびNTTPCコミュニケーションズ等が提供するビジネス向けIPネットワークサービスのことである。詳しくは（財）流通システム開発センター，前掲書，2015-2016年，134頁参照。

17）OECD，*OECD Guide to measuring the information Society*，2011，p.72。

18）経済産業省商務情報政策局情報経済課編「平成30年度我が国におけるデータ駆動型社会に係る基盤整備」，2019年，17頁。

19）同上報告書，6頁。

20）C to C取引はシェアリング・エコノミー（sharing economy）との関連で議論されることが多い。シェアリング・エコノミーはあいまいな概念であるが，財やサービスの個人間の同時的・逐次的共同利用を念頭においている。ここでは，あくまで個人間の財の所有権移転を念頭においている。

参考文献

関川ひとみ『カード&POS戦略』中央経済社，1992年。

幡鎌博『eビジネスの教科書』（第7版）創成社，2018年。

（財）流通システム開発センター『概説流通情報システム化2005年版』（財）流通システム開発センター，2005年。

（一般財）流通システム開発センター『流通システム化の動向2015～2016』（一般財）流通システム開発センター，2015年。

第7章　流通政策

第1節　流通政策とその目的

1．市場メカニズムと公共政策の役割

第1章でみたとおり，流通機構においては，生産者，流通業者（卸売業者・小売業者），消費者の各構成員間において市場が形成され，買主と売主の間で商品の価格，品質，付帯サービスを巡って競争が行われ，モノ（財）の売買取引が行われている。売主である事業者は市場において競争に打ち勝つために創意工夫を行い，これにより商品の価格が引き下げられ，性能や機能が向上し，付帯サービスが充実するなど，流通の効率的な機能の発揮が図られることにつながる。

しかし，このような市場の機能（市場メカニズム）が上手く働かず，あるいは市場メカニズムとは別の要因で経済的な非効率や社会問題が生じるという市場の失敗が発生することがある。例えば，市場メカニズムの作用を歪める問題として，価格の下方硬直性や非価格競争の激化などを引き起こして適切な資源配分が実現しなくなる市場の独占・寡占化，不均衡な経済行動が生じる情報の非対称性の存在などが挙げられ，市場メカニズムでは解決できない問題として，経済主体の活動が市場での取引によらず第三者に不利益を与える外部不経済の発生，公共財の提供が行われない公共財供給の失敗などが挙げられる。

そして政府・地方公共団体などは，市場の失敗を解消するために公共政策を行い，経済的役割や社会的役割を果たす場合がある。一般に政策とは，ある対象に対して特定の目的を遂行・実現するための理念や指針，方針の体系であり，これを政府・地方公共団体などが担うときに公共政策という[1)]。そして経済体

制の一部である流通の機能や活動を対象として行われる公共政策を，経済政策の一部門である流通政策という。

2．流通政策の目的と価値基準

流通政策の目的は経済的・社会的に望ましい流通を実現することにあり，流通部門における市場の失敗などによる望ましい状態からの乖離を回避することにある。流通の望ましい状態を判断する主な価値基準には，効率性基準と有効性基準がある[2)]。

効率性基準とは，流通において生産に投入される諸資源とそこから生産される成果との関係（流通生産性）を価値基準として用いたものであり，流通生産性は成果を一定と仮定した場合の流通費用の引き下げや，投入される労働力，資本等に対する生産性向上などにより測定される。

有効性基準とは，流通活動の結果生み出された産出が望ましいかどうか，必要をどの程度満たしているかということに関わっている[3)]。この基準として，具体的には流通機構の構成員間における自由かつ公正な競争の維持・促進という競争公正性，流通機構の構成員間における取引の便利さ・快適さを高める取引利便性，流通機構の構成員の活動によりもたらされる成果の配分平等性などに区分することができる。さらに，流通の社会的役割に主眼を置き，流通の構成員の活動が第三者にもたらす外部性に対応する価値基準として，流通が自然環境の保全などに貢献する環境保全性や，小売流通に固有な基準であり都市のあり方に適合している都市機能性なども挙げられる。

そして流通政策を実施した結果は，これらの基準に基づいて評価されることとなる。

第2節　流通政策の担い手と体系

1．流通政策の担い手と政策展開

政策主体として流通政策を運用するのは国の行政機関や都道府県・市区町村

といった地方公共団体などであり，これらは多岐にわたっている。このうち流通政策を担う国の主要な行政機関と主な政策は，次のとおりである。

・公正取引委員会：市場における競争の維持・促進など
・消 費 者 庁：消費者保護など
・経済産業省：工業製品の流通，流通業の振興と調整，流通政策全般など
・中小企業庁：中小工業・商業の振興など
・農林水産省：食料品の流通など
・厚生労働省：医薬品の流通，食品衛生など
・総　務　省：情報通信など
・国　税　庁：酒類，たばこの流通など
・国土交通省：店舗建築，都市計画，物流など
・環　境　省：リサイクル，環境問題など

流通政策の目的や，目的を実現するための政策方法は立法機関である国会が定めた法律ごとに規定されており，行政機関は，社会的に望ましい流通を実現することを目的として，法律に基づいてあるいは行政機関自らが定めた政令・省令・規則などに基づいて流通政策を展開する。これら行政機関が法律等に反する流通政策を実行することは認められず，流通政策が法律に基づき実行されたか否かは，最終的には司法機関である裁判所における行政訴訟により判断される。

2．流通政策の政策方法と体系

流通政策の政策方法は[4)]，①一定の禁止行為を定めてそれに該当する行為・状態を規制する禁止型政策，②特定の流通機能や流通活動の振興を図ることを目的として，事業者による事業活動等を支援する措置を講じる振興型政策，③複数の主体の利害関係の調整や需給関係の調整を図るために，事業者の市場参入や営業活動を規制する調整型政策などに分類することができる。

これら政策方法と流通政策として展開されている政策分野の体系は，図7－1のとおりとなる。これらの流通政策のうち，戦後復興期から現在まで継続して

図7－1　流通政策の方法に基づく体系化

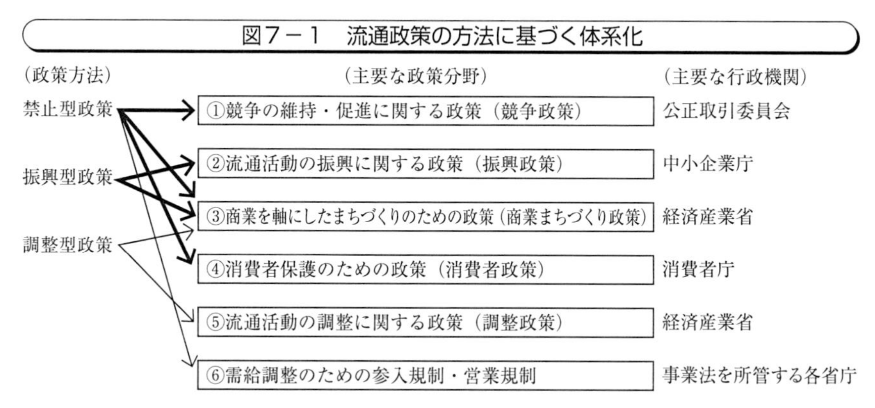

出所：渡辺達朗『流通政策入門（第4版）』中央経済社，2016年，30頁の図表を基に筆者作成。

展開されている主要な政策として，①競争政策と②振興政策が挙げられ，過去には主要な政策として積極的に展開されていたものの1990年代以降の政府による規制の見直し（規制緩和。規制改革ともいう）により近年役割が低下している政策として，⑤調整政策と⑥需給調整のための参入規制・営業規制が挙げられる。また，近年，新たに展開され，あるいは重要性が増している政策として，③商業まちづくり政策と④消費者政策が挙げられる。

そこで本章では，まず，主要な政策である競争政策と振興政策について概観し，次いで現在では役割が低下している調整政策と需給調整のための参入規制・営業規制を概観し，これらの概要を把握したうえで規制緩和前後におけるこれらの政策の関連性を概観する。そして最後に，現在の主要な政策である商業まちづくり政策と消費者政策を概観する。

第3節　競争の維持・促進に関する政策（競争政策）[5]

1．独占禁止法の概要

流通政策の基軸として捉えられるのが競争政策であり，この政策は市場メカニズムが機能するために，市場における自由かつ公正な競争を制限・阻害する事業者の行為を禁止し，あるいは状態を制限することによって，事業者間の競争を維持・促進することを目的として実施されている。競争政策を展開する主要な法律として独占禁止法（私的独占の禁止及び公正取引の確保に関する法律）が制定されており，同法を運用する行政機関として公正取引委員会が設置されている。

独占禁止法で禁止されている主要な行為は，私的独占，不当な取引制限（カルテル・入札談合），不公正な取引方法などであり[6]，これらの行為を規制することにより事業者間の公正かつ自由な競争が促進され，最終的には一般消費者の利益確保と国民経済の民主的で健全な発達を目指している（図7－2）。

私的独占とは，事業者が単独または他の事業者と共同して，①不当な低価格販売などの手段を用いて，競争相手を市場から排除したり，新規参入を阻止したりして市場を独占しようとする行為（排除型）や，②株式取得などにより，他の事業者の事業活動に制約を与えて市場を支配しようとする行為（支配型）を指す。

不当な取引制限はカルテルと入札談合に分類でき，カルテルとは，競争関係にある事業者が相互に連絡を取り合い，本来，各事業者が自主的に決めるべき商品の価格，販売・生産数量などを共同で取り決めて競争を行わなくする行為を指す。また，入札談合とは，国・地方公共団体などの公共工事や物品・サービスの公共調達に関する入札に際し，事前に入札者間で受注事業者や受注金額を決める行為を指す。

これら私的独占や不当な取引制限は，一定の取引分野（市場）における競争を実質的に制限する行為であることから禁止されている。

事業者が私的独占と不当な取引制限の禁止に違反した場合，公正取引委員会は，この事業者に対し違反行為を速やかに排除するよう行政処分（排除措置命令）を行い，排除措置命令に至らない場合でも，警告・注意という行政指導を行う場合もある。また，違反行為防止という行政目的を達成するため，違反行為で得た不当利得（違反により得た経済上の利益）を国庫に納めるように命じる課徴金納付命令が排除措置命令と併せて行われる。

図7－2　独占禁止法の目的と規制内容

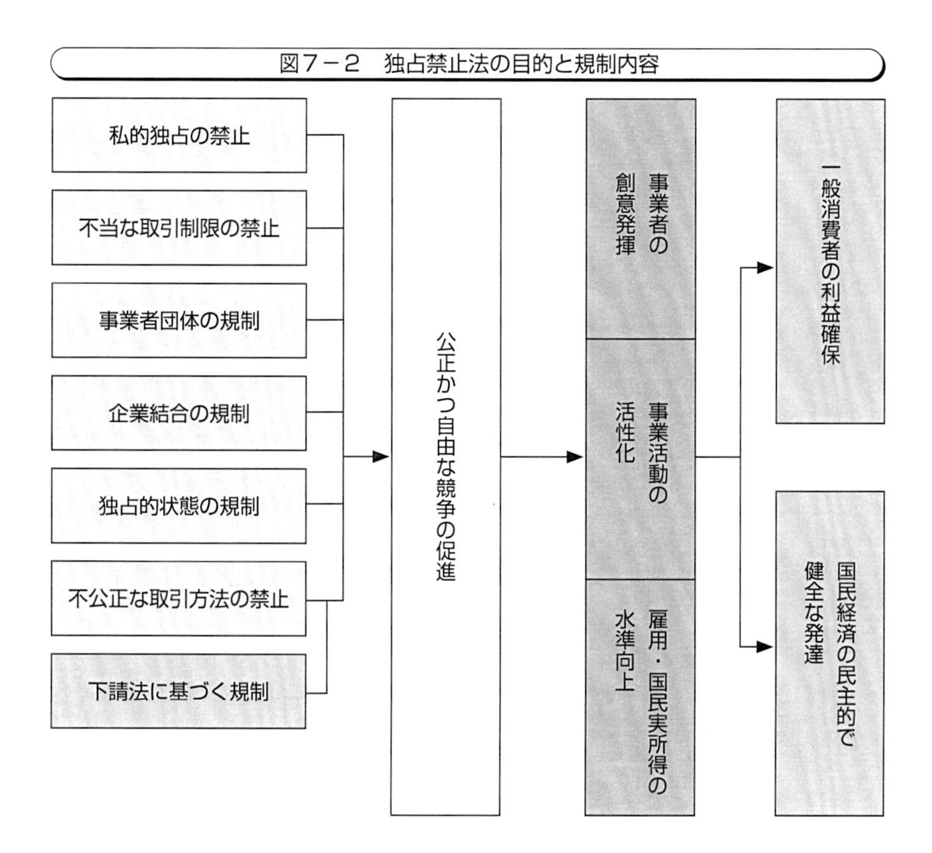

出所：公正取引委員会「独占禁止法の概要」，
https://jftc.go.jp/dk/dkgaiyo/gaiyo.html（2019年10月16日閲覧）の図を筆者修正。

●トピックス　小売業者による不当な取引制限の事例

近年，小売業者を含む事業者が不当な取引制限により規制される事例が増加している。入札談合としては，民間の事業者が発注する制服の調達に関する入札に参加する百貨店やアパレル業者などが談合を行い，受注する小売業者および受注金額を決定するという事件が発生しており，例えば2018年度には携帯電話ショップと航空会社の制服の入札において，

2017 年度には鉄道会社 2 社の制服等の入札において，それぞれ排除措置命令と課徴金納付命令が行われている。また，カルテルとしては，2018 年度に近畿地区に店舗を設置する複数の百貨店が，顧客から収受する優待ギフト送料の金額を引き上げる旨を合意したことにより排除措置命令と課徴金納付命令が行われている。

2．不公正な取引方法の概要

独占禁止法に基づく規制のうち，流通に最も関連が深い規制は，垂直的な取引関係にかかわる行為を対象とする不公正な取引方法に対する規制であり，ここから「独占禁止法の実体規定のうち，最も流通・マーケティング分野に関係が深い規定」と評されている[7)]。

不公正な取引方法が禁止されるのは，行為により公正な競争を阻害するおそれ（公正競争阻害性）があるためであり，公正競争阻害性は，①自由な競争が妨げられていること，②競争が価格・品質・サービスを中心としたものでないこと，③取引主体の自主的な判断で取引が行われていないことの 3 つの観点で説明されている。そして不公正な取引方法として禁止される各行為類型は，①〜③のいずれか，あるいはいくつかを満たす行為となっている。また，独占禁止法における不公正な取引方法の規制は，不当な取引制限および私的独占に対する規制の予防的・補完的な役割を果たすものとされている。

不公正な取引方法は，1953 年の独占禁止法改正時に禁止行為として新たに追加され，2009 年には違反行為の抑止力を強化することを目的として不公正な取引方法の一部の行為に対する課徴金制度が導入された。

3．法定類型と指定類型

不公正な取引方法の体系をみると，図 7 − 3 のとおり各行為類型が第 2 条第 9 項第 1 号から第 6 号までに規定されている。そして，これらに該当する行為を行うことは第 19 条で禁止され，これに違反した場合には前出の排除措置命令や警告・注意が行われる。

図7－3　不公正な取引方法（独占禁止法第２条第９項）の体系図

第２条第９項

号	内容		類型
第１号	共同の取引（供給）拒絶		法定類型
第２号	差別対価（継続的供給）		法定類型
第３号	不当廉売（継続的供給）		法定類型
第４号	再販売価格の拘束		法定類型
第５号	優越的地位の濫用		法定類型
第６号	第６号規定の行為であって，公正な競争を阻害するおそれがあるもののうち公正取引委員会が指定する行為	特殊指定（大規模小売業，物流業，新聞業）	
		一般指定　第１項　共同の取引（購入）拒絶	指定類型
		第２項　その他の取引拒絶	指定類型
		第３項　差別対価	指定類型
		第４項　取引条件等の差別的取扱い	指定類型
		第５項　事業者団体における差別的取り扱い等	指定類型
		第６項　不当廉売	指定類型
		第７項　不当高価購入	指定類型
		第８項　ぎまん的顧客誘引	指定類型
		第９項　不当な利益による顧客誘引	指定類型
		第10項　抱き合わせ販売等	指定類型
		第11項　排他条件付取引	指定類型
		第12項　拘束条件付取引	指定類型
		第13項　取引の相手方の役員選任への不当干渉	指定類型
		第14項　競争者に対する取引妨害	指定類型
		第15項　競争会社に対する内部干渉	指定類型

第１号から第５号までには，共同の取引（供給）拒絶，継続的供給における差別対価，継続的供給における不当廉売，再販売価格の拘束，優越的地位の濫用の５つの行為が具体的に規定されており（法定類型），これらに該当する行為を行った場合には排除措置命令に加えて課徴金納付命令が行われる場合がある[8]。

第６号では法の枠内で公正取引委員会が具体的な行為を指定する方式が採られており，本号に基づく指定には特定の業種による行為にのみ適用される特殊指定（現在では大規模小売業，物流業，新聞業の３業種で指定）と，あらゆる業種によ

表7－1　不公正な取引方法の行為類型

行為類型	行為の概要	該当条項
共同の取引拒絶	複数の事業者が共同で特定の事業者との取引を拒絶したり，第三者に特定の事業者との取引を拒絶させたりすること	• 法定類型（第1号） • 一般指定第1項
単独の取引拒絶	独占禁止法の違法行為の実行を確保するために，事業者が単独で取引を拒絶すること	• 一般指定第2項
差別対価・差別取扱い	取引先や販売地域によって，商品やサービスの対価に不当に著しい差をつけたり，その他の取引条件で差別すること	• 法定類型（第2号） • 一般指定第3項～第5項
不当廉売	商品を不当に低い価格，例えば総販売原価を大幅に下回るような価格で継続して販売し，他の事業者の事業活動を困難にさせること	• 法定類型（第3号） • 一般指定第6項
不当高価購入	競争相手を妨害することを目的に，競争相手が必要としている物品を市場価格を著しく上回る価格で購入し，入手困難にさせるようなこと	• 一般指定第7項
再販売価格の拘束	指定した価格で販売しない小売業者等に経済上の不利益を課したり，出荷を停止するなどして小売業者等に自社の商品を指定した価格で販売させること	• 法定類型（第4号）
ぎまん的顧客誘引	自社の商品・サービスが実際より，あるいは競争相手のものよりも著しく優良・有利であるように見せかける虚偽・誇大な表示や広告で不当に顧客を誘引すること	• 一般指定第8項
不当な利益による顧客誘引	過大な景品を付けて商品を販売するなど不当な利益をもって顧客を誘引すること	• 一般指定第9項
抱き合わせ販売	商品やサービスを販売する際に，不当に他の商品やサービスを一緒に購入させること	• 一般指定第10項
排他条件付取引	自社が供給する商品のみを取り扱い，競合関係にある商品を取り扱わないことを条件として取引を行うこと	• 一般指定第11項
拘束条件付取引	取引相手の事業活動を不当に拘束するような条件を付けて取引すること	• 一般指定第12項
優越的地位の濫用	取引上優越的地位にある事業者が，取引先に対して不当に不利益を与えること	• 法定類型（第5号） • 一般指定第13項
競争者に対する取引妨害	事業活動に必要な契約の成立を阻止したり，契約不履行へと誘引する行為を行ったりするなどして，競争者の事業活動を不当に妨害すること	• 一般指定第14項
競争会社に対する内部干渉	ある事業者が，競合関係にある会社の株主や役員にその会社の不利益になる行為を行うよう不当に誘引したり，そそのかしたりするようなこと	• 一般指定第15項

（注）行為類型によっては法定類型と指定類型双方が適用可能なものがある。

出所：公正取引委員会『知ってなっとく独占禁止法』公正取引委員会，2019年，9-12頁に基づき筆者作成。

る行為に適用される一般指定（現行では不公正な取引方法（昭和57年公取委告示第15号，平成21年10月28日改正）が指定）の2種類があり，一般指定には15の行為類型（指定類型）が定められている。以前，法定類型は指定類型と併せて一般指定に規定されていたが，前出の独占禁止法の2009年改正時に課徴金制度の対象とするため一般指定から分離されて法定化されたものであり，法定類型と指定類型とを合わせた主要な行為の概要は表7－1のとおりである。

不公正な取引方法は，あくまでも公正競争阻害性を有する行為を規制するものであるため，規定される行為に外形的に一致する行為を行ったとしても直ちに違反となるわけではない点に注意を要する。

公正取引委員会は，事業者による独占禁止法違反を未然に防止するため，従来の法運用を踏まえた違法性の判断基準や適法・違法となる行為類型を具体的に示した指針（ガイドライン）を作成・公表している。流通分野における不公正な取引方法に関するガイドラインは，流通・取引慣行，フランチャイズ・システム，酒類・ガソリン・電気製品等における不当廉売・差別対価，優越的地位の濫用などで公表されており，事業者の実務対応は一般的にこれらのガイドラインに従って行われる場合が多い。

●トピックス　不当廉売規制の現状

不公正な取引方法に対する規制は，ここ最近で言えば排除措置命令より軽易な注意を用いた違反行為の是正が積極的に行われており，このうち注意の件数が圧倒的に多い行為類型が中小事業者に不当に不利益をもたらす不当廉売と優越的地位の濫用である。

不当廉売は，正当な理由がないのに，商品・サービスをその供給に必要な費用を著しく下回る対価で継続して販売することにより，競争相手の事業活動を困難にさせるおそれがある行為をいう（法定類型の場合）。不当廉売の規制対象の中心が小売業者であり，不当廉売が行われると行為者である小売業者の競争相手である中小小売業者に不当に不利益をもたらすため，公正取引委員会は，不利益が大きくなる前に迅速に（違反が公正取引委員会に申告された時から原則２カ月以内）違反を処理している。そして，不当廉売により注意を受ける小売業者の業種は，石油製品を取扱うガソリンスタンドや酒類を取り扱う酒販店が大半を占めている[9)]。なお，不当廉売に対する規制の考え方は前出のガイドラインで詳細に説明されている。

●トピックス　優越的地位の濫用規制の現状

公正取引委員会が不当廉売規制とともに小売業者に対する規制を積極的に行っているのが優越的地位の濫用規制である。優越的地位の濫用とは，行為者が，取引相手に対し，自己取引上の地位が優越していること（優越的地位）を利用して，正常な商慣習に照らし不当に不利益を与える行為（濫用行為）を行うことをいう。大規模小売業者は，大量販売・大量仕入を背景として，納入業者に対しバイイング・パワー（購買力）に基づく優越的地位を有しており，戦後復興期から優越的地位の濫用規制の主要な対象となっている。

濫用行為には，取引に付随的に行われる行為（購入・利用強制，協賛金等の負担の要請・従業員等の派遣の要請など）と，取引自体で行われる行為（受領拒否，返品，支払遅延，減額，対価の一方的決定など）が挙げられ，これらの行為の詳細は前出のガイドラインで詳細に説明されている。

2009 年以降, 優越的地位の濫用に対する排除措置命令が全５件行われ，これらの対象はすべて大規模小売業者であり，併せて全件で課徴金納付が命じられている。規制対象となった小売業態はスーパー, 専門量販店, ディスカウントストアなどすべて量販店であり，対象行為は購入・利用強制，協賛金等の負担要請，従業員等の派遣要請，返品，減額など多岐にわたっている。課徴金の金額は，最も多いもので約 30 億円の課徴金が課されており，課徴金が課された大規模小売業者が受ける経済的なダメージは大きなものとなっている。

こうした行政処分に加え公正取引委員会は，中小納入業者に不当に不利益をもたらす優越的地位の濫用を抑止・早期是正するため，「優越的地位濫用事件タスクフォース」を設置して効率的かつ効果的な調査を行い，注意による行為の改善を目指している[10]。

●トピックス　下請法による規制

下請法（下請代金支払遅延等防止法）は，独占禁止法上の優越的地位の濫用規制を補完するために制定された法律であり，規制対象となる親事業者（行為者）・下請事業者（取引相手）の範囲（資本金規模で判断）と取引類型（製造委託・修理委託・情報成果物作成委託・役務提供委託）を明確にし，かつ，親事業者の義務・禁止行為を具体的に規定するとともに，独占禁止法より簡便な手続きを用いることで下請事業者の保護を迅速かつ効果的に図ることを目的としている。親事業者が下請法に違反した場合，公正取引委員会は親事業者に対し違反行為の取り止め，下請事業者が被った不利益の原状回復，再発防止などの措置を求める勧告・指導（共に行政指導）を行い，勧告では原則として社名を公表している[11]。

近年では小売業者が製造業者に製造委託するプライベート・ブランド商品等の納入取引が下請法の適用を受け，小売業者による下請代金の事後的な減額や返品等が規制される事例が増加している[12]。勧告で求められる下請事業者が被った不利益の原状回復は主として金銭の支払いにより行われ，小売業者の場合その金額が高額化しがちであるため，優越的地位の濫用と同様に違反した小売業者が受ける経済的なダメージは大きくなる傾向にある。

第4節　流通活動の振興に関する政策（振興政策）

1．振興政策

我が国の流通構造の特徴として中小商業者の数が多いことが挙げられるが，これら中小商業者は市場において競争を行う主体として必要不可欠なものの，経営資源を豊富に有する大規模な商業者に対し競争していくことは困難である

表７－２　中小企業に対する経営支援

支援の種類	内容
経営力サポート	技術力の強化支援，創業・ベンチャー支援，経営革新支援，新たな事業展開支援，知的財産支援，再生支援，雇用人材支援，海外展開支援，取引・官公需支援，経営安定支援，小規模企業支援
金融サポート	融資制度，保証制度
財務サポート	税制，会計，事業承継
商業・地域サポート	地域商店街活性化法に基づく支援，流通業務総合効率化法に基づく支援，民間中心市街地商業活性化事業など
分野別サポート	食品流通高度化，生活衛生関係営業など
相談・情報提供	中小企業支援センター

出所：中小企業庁『2019 年度版中小企業施策利用ガイドブック』中小企業庁，2019 年，より筆者作成。

ことが多い。また，中小商業者が事業活動を行うことで，そこに就労する人々やその家族の生活を支える役割，あるいは流通機構において流通機能を発揮する主体として社会的な役割も有している。

これら中小商業者の事業を振興して，中小商業者が市場における健全な競争主体として自立し，あるいは事業環境の変化に適応して事業活動を維持・発展させるために行われる政策を振興政策と呼んでいる。振興政策の支援方法は，個々の店舗や企業に対する支援（個別支援）と共同化事業に対する支援（共同支援）に分類され[13]，支援の具体的な内容は経営診断などによる経営面での支援，補助金や融資などを用いた資金面での支援，税の減免措置などを用いた税制面での支援，人材育成の支援などが行われる。

中小商業者に限らず，中小企業全般に関する施策の基本理念，基本方針等を定めると共に，施策を総合的に推進することを目的として中小企業基本法が1963 年に制定されており，中小企業全般の振興政策を実施する行政機関として中小企業庁が設置されている。

現在，各種の法律に基づき中小企業庁が行っている中小企業に対する経営支

表７－３　中小小売商業振興法に基づく高度化事業計画の概要

計画名	概要
商店街整備計画	商店街の区域で店舗，アーケード，街路灯等を設置する事業
店舗集団化計画	新たなまとまった区画に店舗，アーケード，街路灯等を設置する事業
共同店舗等整備計画	中小小売商業者等の店舗若しくは共同店舗等を設置する事業
電子計算機利用経営管理計画	電磁計算機を利用して経営管理を合理化する施設等を設置する事業
連鎖化事業計画	継続的に商品の販売等をし，かつ，経営に関する指導を行うための施設等を設置する事業
商店街整備等支援計画	商店街の区域等において共同店舗，アーケード等の施設等を設置する事業

出所：中小企業庁「商店街関連施策の実施状況」
https://www.chusho.meti.go.jp/koukai/shingikai/shoryo/2008/download/3jisshijoukyou.pdf（2019年10月12日閲覧）。

援の概要は表７－２のとおりであり，この中には中小商業者が主要な対象となる個別・共同支援も含まれている。

また，従来，中小商業者に対する支援は，中小小売業者を中心に展開されてきており，その中でも高度成長期以降は中小小売業者の経営基盤を脅かしたスーパーなどの量販店との競争を念頭に置いた，商店街等に対する共同支援が中心となっている。そして1973年には，大規模小売店舗法（後述）の制定に合わせて，中小小売業者に対する振興政策を展開する主要な法律として中小小売商業振興法が制定されている。同法は，商店街整備事業，店舗集団化事業，共同店舗等の整備事業等を通じて中小小売業者の経営を近代化することにより，これらの振興を図り，国民経済の健全な発達に寄与することを目的としており，後の改正で前述した事業に加え，電子計算機利用経営管理，連鎖化（ボランタリーチェーンの組織化），商店街整備等支援などの事業が追加されている（表７－３）。そして同法に基づき振興指針が策定され，この指針に基づいて具体的な高度化事業計画が作成・認定され，資金の確保等の個別・共同支援が実行されている。

このほか，中小小売業者に対する振興政策として，商店街が地域コミュニティの担い手として行う地域住民の生活の利便を高める試みを支援することにより，商店街を活性化させることを目的として地域商店街活性化法が2009年に制定され，ソフト事業も含めた商店街活動，地域のニーズに沿った空き店舗利用，商店街の意欲ある人材の育成・確保などに対して補助金を交付するなどの共同支援が行われている（この支援は表7－2の商業・地域サポートに含まれている）。

●トピックス　中小企業の定義

中小企業基本法では，中小企業者の範囲を資本金額・従業員数で業種ごとに定義し，その基本的な政策対象の範囲を定めている。ここでは，卸売業者では資本金の額または出資の総額が1億円以下，常時使用する従業員の数が100人以下のいずれかを満たす会社・個人を対象とし，小売業者では資本金の額または出資の総額が5,000万円以下，常時使用する従業員の数が50人以下のいずれかを満たす会社・個人を対象とすると規定している。また，さらに規模の小さい小規模企業者の範囲として，卸売業・小売業ともおおむね常時使用する従業員の数が5人以下と定義している。

2．流通基盤の整備に関する政策

対象は中小商業者に限らないものの，流通に共通する基盤を整備し，流通活動の近代化，高度化，効率化を図ることを目的とした政策が行われている。これらの政策のうち流通のシステム化が経済産業省の主導により継続的に取り組まれており，1960年代には文具，金物，織物，食品，石鹸・洗剤などの業界ごとの統一伝票の作成，物流業界における統一規格パレットの設定とパレット・プール制の推進が重点施策として取り上げられ，次いで機能別流通システム・マニュアルの作成や標準契約書の作成が行われた[14)]。その後も商品コードの統一，POSシステムの導入促進，EDI化の推進，電子商取引の基盤づくりの推進などが行われ，最近では電子タグの推進などが行われており，これらの政策が流通の基盤整備に貢献している。

●トピックス　コンビニエンス・ストアにおける電子タグを用いた実証実験

電子タグ（IC タグ，RF タグ，無線タグなどともいう）とは，無線電波を利用して非接触で IC チップの中のデータを読み書きする RFID（Radio Frequency Identification）技術を利用したタグのことをいい，これまでバーコードだけでは実現することができなかった高度な業務の管理や効率化を実現するツールとして注目を集めている[15]。

電子タグは単価が高かったために，流通分野では今まで商品の物流管理や商品単価の高いアパレル業者の商品管理に活用されてきたが，近年注目を集めている取組として商品単価の安いコンビニエンス・ストアでの活用が目指されている。経済産業省は，2019 年 4 月にセブンイレブン，ファミリーマート，ローソン，ミニストップ，ニューデイズの運営会社と共同で「コンビニ電子タグ 1,000 億枚宣言」を策定し，2025 年までにこれらの店舗の取扱商品すべて（推計 1,000 億個／年）に電子タグを貼り付けることにより，商品の個品管理に利用しようという取組を推進している[16]。この前提には，電子タグの単価が下がることなどがあるものの，この取組が実現した場合，コンビニエンス・ストアのサプライチェーンにおける物流情報の取得・共有が容易になるばかりでなく，店舗でのレジや棚卸業務の自動化・効率化，防犯ゲートを用いた万引防止，消費期限管理の効率化による食品ロス削減などが可能となる。人手不足と労務コストの上昇に直面するコンビニエンス・ストアにとって，電子タグの活用が業務の効率化による人手不足の解消に貢献する可能性を秘めている。

第5節　流通活動の調整に関する政策（調整政策）と参入・営業規制

1．調整政策

我が国では，事業者が市場において事業活動を行うときには，自由競争（営業活動の自由）に委ねるのが原則である。しかし，何らかの政策目的を達成するために，この競争を抑制する政策が取られる場合があり，この手法としては，市場に存在する事業者の事業活動を制限する方法や市場に新規参入しようとする事業者の参入を制限する方法などが挙げられる。

我が国の流通では，規制緩和前までこれら競争を抑制する政策を展開することが多かったが，これらのうち主要な政策として展開されたのが，中小小売業者の存立基盤を侵食することを防ぐため大規模小売業者の店舗出店を制限するための政策であり，調整政策と呼ばれている。この政策は第二次世界大戦前にはすでに行われており，中小小売業者の事業活動に圧迫を加えていた百貨店の出店を制限する法律として，第1次百貨店法（1937年制定，1947年廃止）および第2次百貨店法（1956年制定，1973年廃止）が制定され，次いで高度成長期に成長した総合スーパー等の量販店の出店を制限する法律として大規模小売店舗法が1973年に制定された。

大規模小売店舗法は，大規模小売店舗の周辺に立地する中小小売業者の事業活動の機会を適正に確保し，小売業の正常な発達を図り，国民経済の健全な発達に資することを目的として制定された法律であり，店舗面積1,500㎡以上（政令指定都市等では3,000㎡以上）の大規模小売店舗に対し（店舗主義），開店日，店舗面積，閉店時刻，休業日数を届出させ，これらの項目等を事前に市町村ごとに設置される商業活動調整協議会（商調協）で調整したうえで大規模小売店舗審議会の審議，通商産業大臣（当時）の勧告・命令が行われるという事前審査付き届出制という調整方法が採られていた。その後1978年の法改正（1979年施行）では，届出対象の店舗面積を500㎡以上に拡大する等の改正が行われ，さらに通商産業省（現在の経済産業省）の裁量によって法運用が実質的な許可制となっていたため，1980年代には強力に大規模小売店舗の出店が制限される結果につながった。

しかし，規制緩和により段階的に運用の見直しが行われて大規模小売店舗法による出店制限は緩和され，2000年に同法は廃止されることとなった。

2．需給調整のための参入規制・営業規制

調整政策のほか，公共の目的（保健，衛生，安全，税収などの確保や治安の維持など）を達成するために必要な場合に，事業者の事業活動に制約が課される場合がある。商業者に対しても，商品分野ごとに取扱商品の特性に応じて免許制・許認可制や届出制に基づいて事業者が市場に参入することを制限し，あるいは事業活動を制限することを内容とした事業法が制定され，自由な事業活動が制限される場合がある。

この政策が採られる商品分野の例として，医薬品・医療機器の販売（薬機法），食肉・魚介類の販売（食品衛生法），酒類の販売（酒税法），たばこの販売（たばこ事業法）などが挙げられる。ただし，これらの規制は規制緩和により見直され，徐々に規制対象・範囲が縮小している（第6節で後述）。

第6節　規制緩和前における主要な3つの政策の関係性と展開

以上で説明した競争政策，振興政策，調整政策の3つの政策は，戦後における小売業者に対する流通政策において主要なものとして位置づけられてきたものであるが，我が国の規制緩和の推進や流通の変化とともにそれぞれの政策の重要性も変化している。

1990年代以降に規制緩和が推進されるまでの3つの政策の理念的な関係は，競争政策を基軸として，振興政策と調整政策とがワンセットになって補完するというかたちで体系化されていたといえる[17)]。具体的に説明すれば，市場における競争を維持・促進する競争政策により小売業者の競争環境を整備し，市場メカニズムを活用して規模を問わず小売業者を自律的に成長させるのが基本となる。一方で我が国の小売市場には伝統的に中小小売業者が多く，かつ，これらは流通機構において商品流通の重要な担い手や雇用の受け皿となってきた。資本力に優れる大規模小売業者が運営する大規模小売店舗が出店して競争が激化することにより，出店場所の周囲にある中小小売業者は存立基盤を侵食

図7－4　規制緩和前の主要な流通政策の理念的体系

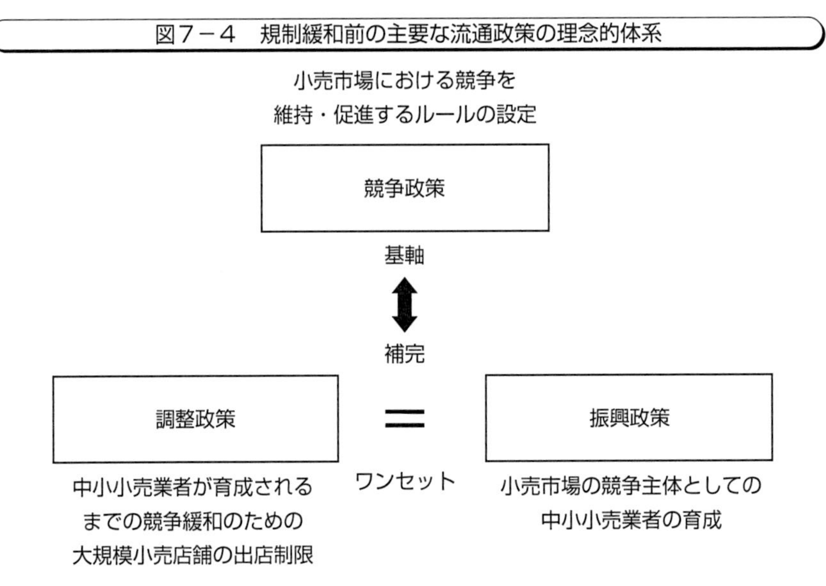

出所：渡辺達朗『流通政策入門（第4版）』中央経済社，2016年，34頁に基づき筆者作成。

され，市場から撤退せざるを得なくなる場合が多く，このため中小小売業者が自主的に存立することを目的として，これら大規模小売店舗に対抗する力を付けるように振興政策による支援が実施される。

ここで問題となるのが，振興政策が中小小売業者の事業活動で成果に結びつくには時間がかかることである。このため，調整政策により一時的に大規模小売店舗の出店を制限することにより，振興政策の成果が上がるまでの時間的猶予を確保しようとした。このような理由で振興政策と調整政策はワンセットで実施されてきたということができる。また，両政策の相乗効果により成長した中小小売業者は，競争主体として小売市場において大規模小売業者に対抗していくことが可能となり，結果的に小売市場における競争が促進されるため，両政策が競争政策を補完するという説明と整合的である（図7－4）。

しかし，このような理念の下で戦後の小売業者に対する流通政策は展開されることが理想であったものの，実際にはこれらからかけ離れた運用が行われてきた。競争政策をみると，高度成長期には産業育成のために公正取引委員会による独占禁止法の運用は消極的であり，1960年代後半から物価上昇の要因として流通系列化とカルテルが社会的に批判されるようになり，また二度のオイルショックによる物価の上昇を受けて，製造業者が流通系列化で用いた不公正な取引方法や石油会社などによるカルテルに対する規制が行われ，1980年代以降は段階的に法の強化改正も行われたものの，本格的な同法の強化改正や運用強化は規制緩和の進行した1990年代以降に行われることとなった。

振興政策をみると，1963年の中小企業基本法の制定や1973年の中小小売商業振興法の制定により中小小売業者の健全な競争主体への育成や環境適応力の向上が目指されたものの実効的な成果を上げられず，調整政策をみると，理念的には振興政策の成果が上がるまでの一時的な競争緩和政策であるはずであったものの，1956年の第2次百貨店法の制定から1973年の大規模小売店舗法の制定を経て2000年に同法が廃止されるまで連続的に大規模小売店舗の出店が抑制され続けており，実態として恒久的な中小小売商保護政策のように機能しており，ここに競争政策から離れた独自性・独立性を獲得していたと評されている[18)]。

また，規制緩和前には，産業育成のための経済的規制や公共の福祉を目的とした社会的規制の観点から[19)]，行政による事業法等に基づく許認可権限を背景とした強力なコントロールの下で需給調整のための参入規制・営業規制が多くの商品・サービス分野で行われてきた。流通分野では前述した酒類，医薬品のほか，米穀，ガソリンなど多くの商品分野や物流，情報・通信，金融などのサービス分野において強力に規制が行われ，市場における競争が抑制されていた。

●トピックス　流通系列化に対する規制

高度成長期には，大量生産体制を確立した自動車，家電製品，化粧品などの消費財の製造業者が，自社のマーケティング戦略をチャネルに浸透させ，自社製品の売上・利益の向上を図るために，販売業者（卸売・小売業者）を組織化して管理・統制する流通系列化が拡大していった。ここで用いられた具体的な行為として，再販売価格の維持（拘束），一店一帳合制，テリトリー制，専売店制，店会制，委託販売制，払込制，差別的なリベートなどが挙げられ，1960 年代後半に流通系列化がカルテルとともに物価上昇の要因として社会的に批判されるようになると，これ以降，公正取引委員会は製造業者が流通系列化で用いた行為を不公正な取引方法として積極的に規制するようになった。

第７節　規制緩和後における流通政策の転換

流通政策の大きな転換点となったのは，1990 年代以降，政府規制の緩和が最も重要な政策課題の１つとなり，流通政策においてもこれが進展したことが挙げられる。特に流通政策が転換した重要な契機としては，1989 年から 90 年にかけて開催された我が国とアメリカとの間の日米構造協議に代表される外圧によるものであった。当時のアメリカは対日貿易で大幅な赤字を抱えており，この不均衡を是正するために日本に対し経済構造の変革と市場開放を迫っており，協議の最終報告のうち日本側が流通分野で取るべき措置として，大規模小売店舗法の規制緩和や独占禁止法の運用強化による流通・取引慣行の改善などが盛り込まれることとなり，これにより調整政策，競争政策等の方針転換が行われた。そして，1993 年の経済改革研究会の中間報告では，「経済的規制は原則撤廃，社会的規制は自己責任を原則に最小限に」と提言し，以後この考え方に沿って規制緩和が進められることとなった[20]。

ここで流通政策に属する主要な政策の変化を概観する。規制緩和の意義は，規制の緩和・撤廃により事業者間の競争を促進し，市場メカニズムを活用して日本の経済社会の構造改革を推進することであり，規制緩和後の市場での競争ルールを定め，市場メカニズムを機能させる役割を担う独占禁止法は規制緩和と相互補完・補強の関係にあり，ここから競争政策（独占禁止法）の強化が強力に推進されることとなった[21]。また，規制緩和の過程において消費者には自己責任原則に基づき行動することが求められ，その前提である消費者の商品選択が妨げられないよう適正な情報提供の観点から景品表示法の厳正な運用が求められるようになり，同法が強化されることにつながった（第9節で後述）[22]。

これに対し，小売業者間の競争を抑制する調整政策（大規模小売店舗法）は段階的に緩和され，最終的に2000年に廃止され，かつ，需給調整のための参入規制・営業規制は多くの商品分野で緩和あるいは廃止された。振興政策は，意欲があり自助努力する中小企業や創業・経営革新等により前向きな事業活動を行う中小企業への選択的な支援が基調となり[23]，かつ，まちづくりの観点から商店街等の商業集積の整備を支援する商業まちづくり政策への転換が図られることとなった。

●トピックス　酒類の規制

酒類に課される酒税は明治政府設立以降，我が国の大きな財源となったため，酒税の確実な徴収と消費者への円滑な転嫁のために酒類の製造・流通には酒税法に基づく免許制が採用されている。そして酒販店の免許を新規に付与する際には，既存の酒販店との距離（距離基準）や酒販店1店舗当たりの居住人口（人口基準）に基準を設けて酒販店の新規参入を制限して，酒販店間の競争を抑制してきた。しかし規制緩和の進展により距離基準・人口基準共に段階的に緩和・廃止されることとなり（距離基準は2001年，人口基準は2003年）。これに対し，未成年者の飲酒問題に対応して酒販店の免許付与の審査厳格化や酒類販売管理者の選任義務など社会的規制の観点での規制強化や，酒類の不当廉売等に対応して公正な取引環境の整備など競争政策の観点での規制強化が推進されている[24]。

●トピックス　医薬品の規制

医薬品は適切に使用すると病気や怪我の治癒に役立つものの，適切な用法を守らなければ医薬品の効果が発揮できないばかりか副作用を起こす可

表7－4　一般用医薬品のリスクによる区分

	第1類医薬品	第2類医薬品	第3類医薬品
リスクの程度	(高) ← → (低) 副作用などにより，日常生活に支障をきたす程度の健康被害を生じるおそれがあり，特に注意が必要なもの。	副作用などにより，日常生活に支障をきたす程度の健康被害が生じるおそれがあるもの。	第1類，第2類以外のもの。
医薬品の例	H2ブロッカーを含む一部の胃薬，毛髪用薬など	かぜ薬，解熱鎮痛薬，胃腸薬など	ビタミン剤，整腸薬など
対応する専門家	薬剤師	薬剤師または登録販売者	薬剤師または登録販売者
専門家による情報提供	義務	努力義務	―

出所：政府広報オンライン「医薬品のネット販売を安心して利用するために」，
https://www.gov-online.go.jp/useful/article/201405/1.html（2019年10月5日閲覧）。

図7－5　医薬品の販売方法の改正（2014年～）

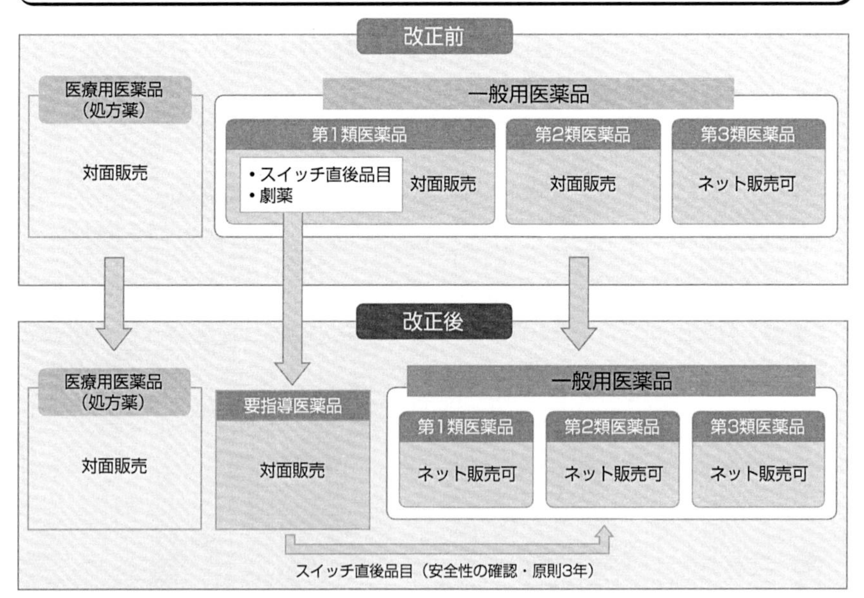

出所：政府広報オンライン「医薬品のネット販売を安心して利用するために」，
https://www.gov-online.go.jp/useful/article/201405/1.html（2019年10月5日閲覧）。

能性もある。このため，医薬品の安全性や有効性，品質を確保するため，薬機法（医薬品，医療機器等の品質，有効性及び安全性の確保等に関する法律）に基づき医薬品の開発から製造，流通，使用に至るまで社会的規制の観点で厳しい規制が設けられている。

医薬品は，医師による処方箋に基づき薬剤師により調剤される医療用医薬品と，効き目を調節して安全性を高めて市販される一般用医薬品に分類され，従来は両医薬品とも薬剤師のいる薬局での販売に限定される等，販売が厳重に制限されてきた。しかし，規制緩和により一般用医薬品の販売制限が徐々に緩和され，一般小売店でも販売可能とする医薬品の範囲を拡大する法改正が段階的に行われてきた。現在では，一般用医薬品は副作用などのリスクの程度によって第１類から第３類までに分類され（表７－４），この区分により販売方法（消費者に対応する専門家やこれによる情報提供方法）が異なっている。また，2013年の法改正により，2014年から従来第３種のみに認められていたインターネット販売が第１種から第３種まですべてに拡大され，一定の条件を満たせばこれらすべてがインターネットの通信販売で購入できるようになった（図７－５）。

第８節　商業を軸にしたまちづくりのための政策（商業まちづくり政策）

第６節で説明したとおり，規制緩和の推進により大規模小売店舗法（調整政策）が廃止された後，振興政策と結びつく形で重要性が増大したのが商業まちづくり政策である。

商業まちづくり政策は，まちづくりの観点から小売業者の事業活動が公共の利益を増進し，あるいは公共の利益を阻害しないようにしながら小売業者を軸としたまちづくりを推進する政策であり，この政策を展開する主要な法律として，中心市街地活性化法（中心市街地の活性化に関する法律），大規模小売店舗立地法および都市計画法（まちづくり三法）が挙げられ，それぞれ連携して政策を展

図7－6　まちづくり三法の関係性

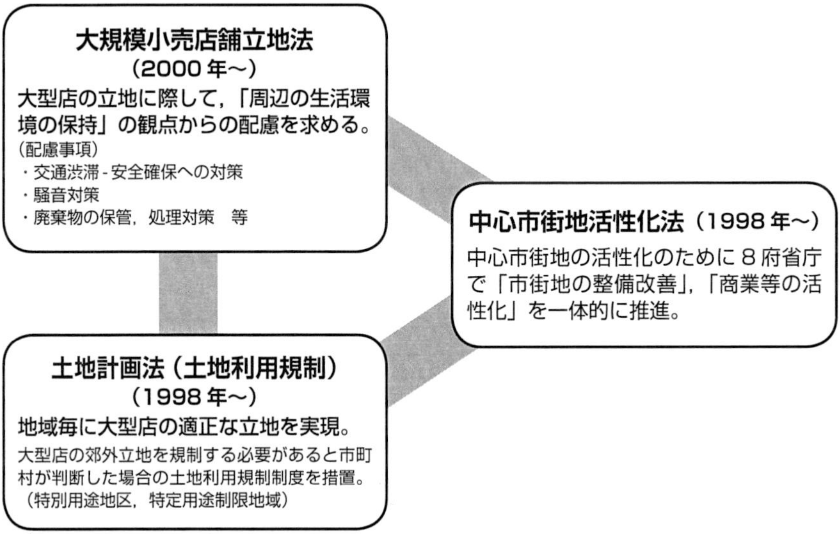

出所：経済産業省『2018（平成 30 年度）中心市街地活性化ハンドブック』経済産業省，2018 年，Ⅰ-6 頁より筆者修正。

開している。

商業まちづくり政策が展開された背景として，近年の中心市街地の衰退状況から，大規模小売店舗法による調整政策に止まらない総合的な観点が求められるようになったためであり，同法の廃止決定後に中心市街地活性化法および各種の支援策により中心市街地の活性化を実現することを柱として，地域の実情に合ったまちづくりを行うことを目的として 1998 年から 2000 年にかけてまちづくり三法が整備された（図 7 － 6）[25]。

しかし，まちづくり三法が整備された後に中心市街地の活性化に取り組む地域が数多くあったものの目に見える効果が上がらず，商業を含めた中心市街地が衰退し，市街地の機能が郊外に移転していくことにより地方公共団体の財政が都市のインフラ維持のためのコストに耐えられなくなるとともに，高齢化や治安の悪化等により街のコミュニティが荒廃するおそれが生じた。このため，

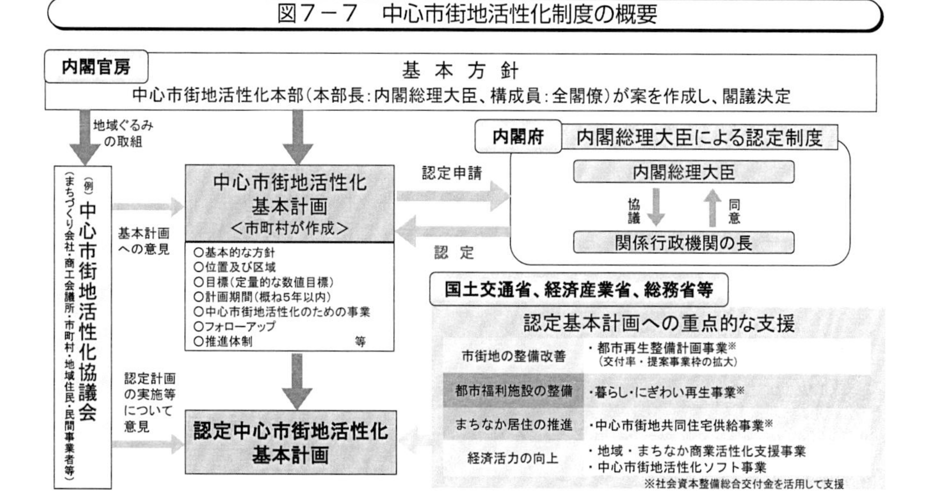

図7－7　中心市街地活性化制度の概要

出所：内閣府「中心市街地活性化制度の概要」，
https://kantei.go.jp/jp/singi/tiiki/chukatu/pdf/chukatu_gaiyo.pdf
（2019年10月12日閲覧）。

市街地が郊外に拡散することを抑制し，まちの機能を中心市街地に集中させるコンパクトシティの考え方が提唱されるようになり，この結果，2006年にまちづくり三法が見直されることとなった。

見直し後のまちづくり三法の関係性として，中心市街地活性化法は，少子高齢化，消費生活等の状況変化に対応して，中心市街地における都市機能の増進および経済の活力の向上を総合的かつ一体的に推進することに目的が改められた。また，支援措置を受けるための中心市街地活性化基本計画を内閣総理大臣による認定制度として，意欲のある市町村を重点的に支援するため，5年以内に実現可能なプランでなければこの基本計画に盛り込めないなど実現可能性の高い計画を支援するように改められた。さらに，策定した基本計画を実行する組織として，商工会議所・商工会・まちづくり会社等と中心市街地整備推進機構等が共同で組織した中心市街地活性化協議会を中心市街地ごとに設置するよう法定化された（図7－7）。支援内容としては，市街地の整備改善，都市福利施設の整備，まちなか居住の推進，経済活力の向上などが行われている。

また，都市計画法は，無秩序な土地の利用を制限して都市機能の集約を図ることで，中心市街地活性化法の効果を確保するため，郊外にいくほど大規模集客施設（店舗，飲食店，遊技場，映画館などの用途に供する部分の床面積の合計が１万㎡を超える建築物）の設置規制が厳しくなる体系に改められた。大規模小売店舗立地法は，中心市街地活性化法に同法の特例措置を定め，これを活用することで中心市街地における出店の際の手続きを緩和するようにした。

これらまちづくり三法の関係を表すと，中心市街地活性化法は中心市街地におけるまちづくりを促進するアクセルに例えられ，都市計画法は郊外開発を抑制するブレーキに例えられて中心市街地へ出店を誘導する役割を担い，大規模小売店舗立地法は，規制の際の手続きを緩和することにより中心市街地への大規模小売店舗の出店を促進するという役割を担っている。

●トピックス　大規模小売店舗立地法

大規模小売店舗は日常的に利用される施設であり，多数の来客，車両の通行，物流等を伴うため，周辺に居住する住民の生活環境に交通渋滞，騒音など大きな影響を及ぼす可能性を有している。このため，これらの問題に対応するために制定された大規模小売店舗立地法は，大規模小売店舗の設置者が配慮すべき事項として大規模小売店舗の立地に伴う交通渋滞，騒音，廃棄物等に関する事項を定め，大規模小売店舗と地域社会との融和を図ることを目的とした法律であり，1998年に制定され，2000年から施行されている。

この法律では，建物内の店舗面積の合計が1,000㎡を超える店舗を規制対象として，店舗の設置者に対して駐車場・駐輪場・荷さばき施設・廃棄物保管施設等の施設の配置に関する事項，開店・閉店時刻，駐車場の利用可能時間帯と出入口の数・位置，荷さばきの時間帯などを店舗の新設時等に届出させ，都道府県はこの内容に基づき大規模小売店舗が立地する周辺住民や市町村の意見聴取を行い，設置者に対し意見を述べ，あるいは勧告を

図７－８　消費者政策の全体像（消費者基本法）

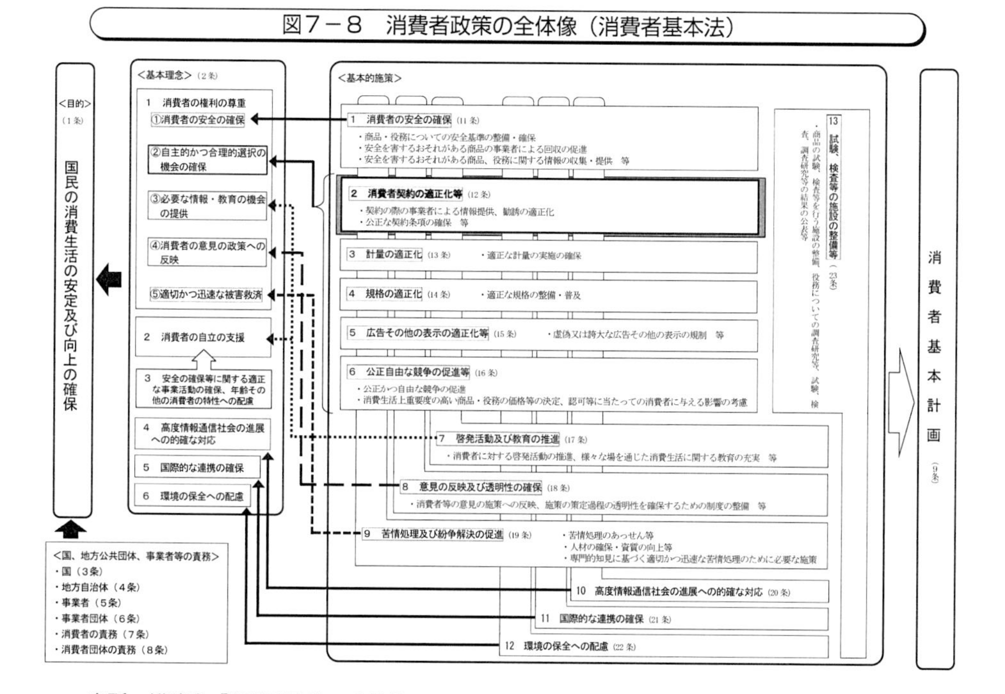

出所：総務省「消費者政策の全体像（消費者基本法）」,
https://soumu.go.jp/main_content/000189933.pdf（2019年10月16日閲覧）。

行うなどの措置を講じている[26]。

この法律は，大規模小売店舗の出店等を制限し，経済的規制として小売市場における競争を抑制していた大規模小売店舗法と異なり，あくまでも大規模小売店舗の周辺に居住する生活環境に配慮するという社会的規制を行うものである。

第９節　消費者保護のための政策（消費者政策）

消費者と事業者との間には商品・サービスに関する情報の質・量や交渉力等の格差があるため，消費者が商品を購入する際に商品自体の安全性などに問題

表7－5　消費者政策の推移

前史	主舞台	手法	特徴
1950年代以前	行政	他の目的の法規の執行による結果	ついでの消費者保護
1960年代	行政	行政執行＋行政による被害相談・あっせん	ハードロー中心　注1
1990年代	司法	裁判所等での権利の行使	規制緩和と民事ルール
2000年代	市場	市場を利用した消費者保護	ソフトローの活用　注2

注1：強制力を持つ法律等
注2：強制力を持たない規範等
出所：松本恒雄「消費者政策の変遷と法整備」『ウェブ版国民生活』第70号，2018年，2頁の表を一部修正。

がある，事業者が消費者の利益を損なうような販売方法を用いるなど消費者問題が発生することがある。本来なら，これらの問題は民事上のルールに基づき訴訟等により当事者間で解決するのが原則であるが，消費者は消費者問題を予見しあるいは対応する能力が低いことや，消費者に大規模な被害を及ぼしうることから，政府によりこれらの問題を解決に導くため消費者政策が推進されている。

消費者政策を推進するための基本法として，国民の消費生活の安定および向上を確保することを目的として，消費者の権利の尊重，消費者の自立の支援，高度情報通信社会への的確な対応，環境保全への配慮などの基本理念を定め，国，地方公共団体，事業者，事業者団体，消費者，消費者団体の責務をそれぞれ明確にした消費者基本法が制定されている（図7－8）。

同法では，消費者の権利の尊重のための施策として，消費者の安全を確保するため，商品・役務についての安全基準の整備・確保，安全を害するおそれのある商品の事業者による回収の促進や安全を害するおそれのある商品・役務に関する情報の収集・提供を定めている。また，消費者の自主的かつ合理的選択の機会を確保するため，消費者契約の適正化等，計量の適正化，規格の適正化，広告その他の表示の適正化等，公正自由な競争の促進等を定めている。

消費者の自立の支援のための施策としては，消費者に対する啓発活動の推進や教育の充実を定めている。そしてこれらの規定に基づき消費者政策を推進するために，政府は消費者基本計画を定めている。

消費者政策を個別に展開する法律として，商品等の安全性を確保するために消費生活用製品安全法，食品衛生法，薬機法，製造物責任法などが，商品の販売方法における消費者の利益を保護するために消費者契約法，特定商取引法（特定商取引に関する法律）などが，適正な表示を確保するために景品表示法（不当景品類及び不当表示防止法），食品表示法，家庭用品品質表示法などがそれぞれ定められている。そしてこれらの消費者政策を所管する行政機関として消費者庁が設置されている。

消費者政策は規制緩和前から消費者問題の発生に対応して展開されており[27]，1960年代から1980年代にかけて行政が事業者を規制する事前規制・参入規制を用いた政策が展開された（表7－5）。この時期では1962年に不当表示問題（ニセ牛缶事件）の発生を受けて景品表示法が制定され[28]，1968年には消費者基本法の前身であり，消費者利益を保護するための基本的な事項を定める消費者保護基本法が制定されて体系的に消費者政策が推進されることとなった。

1990年代に入ると，司法を重視し，裁判所等を活用して消費者が自ら当事者として利用することができる権利を付与する民事ルールの整備が行われ，例えば1994年に製造物責任法が，2000年に消費者契約法が制定されている。これらの背景には，規制緩和により消費者政策も事前規制から事後規制に，参入規制から行為規制へと重心が移動し[29]，消費者は自己責任原則に基づく消費者自身での事後的な被害回復が求められるようになるという政策の転換が行われたことが挙げられる。

2000年以降には，市場を利用した消費者保護の推進を目指し，消費者が市場において消費者志向の事業者を適切に評価し取引をすることによって，悪質な事業者が市場から淘汰されるよう，事業者・事業者団体の取り組みを促進する政策が用いられている。例えば消費者保護基本法は2004年に改正され，消費者の権利の尊重と自立の支援を消費者政策の基本とすることを規定した消費者基本法に改称された。そして同法では，事業者が事業活動に関し自らが遵守すべき基準（自主行動基準）をソフトロー（強制力を持たない規範等）として作成すること等により消費者の信頼を確保するという努力義務が規定され，事業者団体には事業者・消費者間の苦情処理体制の整備や自主行動基準作成の支援などの努力義務が規定されている。

そして中国製冷凍餃子の中毒事件など消費者の安全性を脅かす消費者問題が多発したことを受け，各省庁に分散していて縦割り行政の弊害が表れていた消費者政策を一元的に所管するため，2009年9月に消費者基本法に基づく消費者政策を展開する官庁として消費者庁が設置され，法運用が強化されている。

●トピックス　景品表示法に基づく不当表示規制

消費者は，商品を生産・流通する事業者との間に情報の非対称性が存在することから,事業者が提供する質や価格などの情報を信用して商品･サービスを選択せざるを得ない。しかし事業者は利益を追求する主体である以上，収益の増大を図るために販売促進手段の１つである表示において，商品の優良さや取引条件の有利さに関する情報を強調して消費者に訴求するのが通常であり，表示に一定の強調・誇張が含まれやすく[30]，ここに不当表示が生じる原因が存在している。

このため景品表示法は，消費者が商品・サービスを自主的かつ合理的に選択することを阻害するおそれのある不当表示による顧客の誘引を禁止することにより消費者の利益を保護しており（他に不当景品類も規制している），同法はすべての業種・商品分野に適用されるため表示の基本法と称されている。

不当表示規制では，商品・サービスの品質，規格その他の内容についての優良誤認表示，商品・サービスの価格その他の取引条件についての有利誤認表示，商品・サービスの取引に関する事項について一般消費者に誤認されるおそれがあると認められ，内閣総理大臣が指定（告示）する表示が禁止されている。また，事業者・事業者団体が表示等に関する事項について業界のルールを設定する公正競争規約制度が設けられている。これらの不当表示に対し，消費者庁により違反事業者に対して誤認の排除や再発防止などのための措置命令や違反抑止のための課徴金納付命令が行われる。

1990年代以降の規制緩和の推進により事業者間の競争が促進されることとなり，この過程において消費者には自己責任原則に基づき行動することが求められ，その前提である消費者の商品・サービスの選択が妨げられないよう適正な情報提供の観点から景品表示法による不当表示規制が強化されている。

【注】

1）渡辺達朗『流通政策入門（第4版）』中央経済社，2016年，21頁。

2）価値基準の説明は，鈴木安昭（東伸一・懸田豊・三村優美子補訂）『新・流通と商業〔第6版〕』有斐閣，2016年，244-245頁，渡辺，同上書，25-26頁，久保村隆祐編『エレメンタル流通政策』英創社，1994年，47-52頁を参考に記述した。

3）鈴木，同上書，245頁。

4）渡辺，前掲書，29頁を参考に区分した。

5）本節における記述は，公正取引委員会『知ってなっとく独占禁止法』公正取引委員会，2019年，公正取引協会『独占禁止法ガイドブック　平成30年2月改訂版』公正取引協会，2018年，菅久修一編『はじめて学ぶ独占禁止法〔第2版〕』商事法務，2019年を参考にした。

6）これら3つの行為の禁止のほか，事業者団体の活動によるカルテル，不公正な取引方法，新規参入の制限といった競争制限的な行為の規制や，競争の制限につながる企業結合（株式取得，合併，分割，共同株式移転，事業譲渡等）に対する規制などが行われており，これらは流通業も規制対象となり得るものである。また，独占禁止法の特例法である下請法も競争政策の1つとして挙げられる。

7）渡辺，前掲書，61頁。

8）不公正な取引方法の違反が課徴金の対象となるかは行為類型により異なっており，共同の取引拒絶，不当廉売，差別対価および再販売価格の拘束については過去10年以内に同一の違反行為を繰り返した場合に対象となり，優越的地位の濫用は初回から対象となる。

9）2018年度の注意（迅速処理）による不当廉売の規制件数は，石油製品194件，酒類22件，その他11件の合計227件となっている。

10) 2018年度には，小売業者に対する納入取引で37件，物流取引で12件，卸売業者に対する納入取引で2件など，合計で56件の注意が行われている。

11) 下請法は公正取引委員会と中小企業庁が共同で所管しており，中小企業庁も調査や親事業者に対する指導を行っている。

12) 小売業者による下請法違反の概要・傾向は岡野純司「小売業者に対する下請法による規制の分析—適用対象となる取引，規制の特徴および体制整備上の留意点—」『企業法学研究』第6巻第1号，2018年を参照。

13) 渡辺，前掲書，135頁。

14) 矢作敏行『現代流通—理論とケースで学ぶ』(有斐閣アルマ)，有斐閣，1996年，296-298頁。

15) 流通システム開発センター「電子タグ（EPC/RFID）入門講座」，https://www.dsri.jp/standard/epc/（2019年10月6日閲覧）。

16) 経済産業省「「コンビニ電子タグ1000億枚宣言」を策定しました～サプライチェーンに内在する社会課題の解決に向けて～」，https://www.meti.go.jp/press/2017/04/20170418005/20170418005.html（2019年10月6日閲覧）。

17) 渡辺，前掲書，34頁。以下，本節の説明は同書，34-39頁を参考に記載した。

18) 渡辺，同上書，34頁。

19) 経済的規制の説明として，1988年の臨時行政改革推進審議会の「公的規制の緩和等に関する答申」によると「市場の自由な動きに委ねていたのでは財・サービスの適切な供給や望ましい価格水準が確保されないおそれがある場合に，政府が，個々の産業への参入者の資格や数，設備投資の種類や量，生産数量や価格等を直接規制することによって，産業の健全な発展と消費者の利益を図ろうとするもの」としている。また，社会的規制の説明として，「消費者や労働者の安全・環境の確保，環境の保全，災害の防止等を目的として，商品・サービスの質やその提供に伴う各種の活動に一定の制限を設定したり，制限を加えたりする場合」としている。いずれにせよ経済的規制は市場メカニズムの機能に関係する事項に対する規制であるのに対し，社会的規制は市場メカニズムの機能とは離れて生じる事項に対する規制といえる。ただし，両規制は明確に区別できない場合も多い。

20) これ以前から1980年代における政府の行政改革の一環として規制緩和が検討されており，臨時行政改革推進審議会が1988年に行った，規制緩和に関する初めての報告書である「公的規制の緩和等に関する答申」では，経済的規制は「原則自由・例外規制」，社会的規制は国民に必要以上の制約や負担をもたらさないようにすべきであるとしている。

21) 上杉秋則「規制改革と競争政策」寺西重郎編『構造問題と規制緩和（バブルデフレ期の日本

経済と経済政策 7)』慶応義塾大学出版会，2010 年，309-310 頁。

22) 規制緩和と景品表示法の関係については岡野純司「景品表示法による不当表示規制の推移―平成期を振り返って」『消費生活研究』第 21 巻第 1 号，2019 年を参照。不当表示規制の強化に対し同法に基づく不当景品類の規制は緩和されることとなった。

23) 渡辺，前掲書，152 頁。

24) 国税庁「酒類行政の取組み」，https://www.nta.go.jp/about/introduction/torikumi/report/2005/07.htm（2019 年 10 月 5 日閲覧）。

25) 本節におけるまちづくり三法の制定・改正の経緯は，ふるさと財団「まちなか再生ポータルサイト」，https://www.furusato-zaidan.or.jp/machinaka/project/terms/index.html（2019 年 10 月 12 日閲覧）を参考に記述した。

26) 東京都「大規模小売店舗立地法」，http://www.sangyo-rodo.metro.tokyo.jp/chushou/432ccc7cc8a7565ed390a337548620ad.pdf（2019 年 10 月 5 日閲覧）。

27) 消費者政策の手法の変遷については，松本恒雄「消費者政策の変遷と法整備」『ウェブ版国民生活』第 70 号，2018 年，2-3 頁を参考として記載した。

28) 1960 年に発生したニセ牛缶事件とは，牛の絵が記載された多くの牛缶の中身が馬肉や鯨肉であったという事件であり，これが社会問題化したものの適切に規制する法律がなかったために景品表示法が制定される契機となった。

29) 松本，前掲稿，4 頁。

30) 伊従寛・矢部丈太郎編『広告表示規制法』青林書院，2009 年，65-66 頁。

参考文献

大元慎二編『景品表示法〔第 5 版〕』商事法務，2017 年。

経済産業省『2018（平成 30 年度）中心市街地活性化ハンドブック』経済産業省，2018 年。

公正取引委員会『知ってなっとく独占禁止法』公正取引委員会，2019 年。

公正取引協会『独占禁止法ガイドブック　平成 30 年 2 月改訂版』公正取引協会，2018 年。

消費者庁『事例でわかる景品表示法―不当景品類及び不当表示防止法ガイドブック』消費者庁，2016 年。

菅久修一編『はじめて学ぶ独占禁止法〔第 2 版〕』商事法務，2019 年。

鈴木安昭（東伸一・懸田豊・三村優美子補訂）『新・流通と商業〔第 6 版〕』有斐閣，2016 年。

中小企業庁『2019 年度版中小企業施策利用ガイドブック』中小企業庁，2019 年。

松本恒雄「消費者政策の変遷と法整備」『ウェブ版国民生活』第 70 号，2018 年。

渡辺達朗『流通政策入門（第 4 版）』中央経済社，2016 年。

索　引

A－Z

ア

カ

サ

《著者紹介》
青木　均（あおき・ひとし）　担当：第2章，第3章，第5章，第6章
愛知学院大学商学部教授

尾碕　眞（おざき・まこと）　担当：第4章，第6章
愛知学院大学大学院商学研究科客員教授　博士（商学）

岡野純司（おかの・じゅんじ）　担当：第1章，第7章
愛知学院大学商学部准教授　博士（法学）

（検印省略）

2020年3月31日　初版発行　　　　略称—最新流通

最新 流通論

著　者　青木　均
　　　　尾碕　眞
　　　　岡野純司
発行者　塚田尚寛

発行所　東京都文京区春日2－13－1　株式会社 **創成社**

電　話03（3868）3867　　ＦＡＸ03（5802）6802
出版部03（3868）3857　　ＦＡＸ03（5802）6801
http://www.books-sosei.com　振　替00150-9-191261

定価はカバーに表示してあります。

ISBN978-4-7944-2563-8 C3034
Printed in Japan

組版：ニシ工芸　印刷：エーヴィスシステムズ
製本：エーヴィスシステムズ
落丁・乱丁本はお取り替えいたします

経営・マーケティング

書名	著者		価格
最新流通論	青木均 尾碕眞 岡野純司	著	2,500円
経営という自由技法	中本和秀 中山健一郎	編著 著	2,700円
大学1年生のための経営学	芦澤成光	編著	2,500円
大学生のための国際経営論	岩谷昌樹	著	2,800円
ビジネスデザインと経営学	立教大学大学院 ビジネスデザイン研究科	編	3,000円
働く人のキャリアの停滞 －伸び悩みから飛躍へのステップ－	山本寛	編著	2,650円
働く人のためのエンプロイアビリティ	山本寛	著	3,400円
イチから学ぶビジネス －高校生・大学生の経営学入門－	小野正人	著	1,700円
脱コモディティへのブランディング －企業ミュージアム・情報倫理と「彫り込まれた消費」－	白石弘幸	著	3,100円
やさしく学ぶ経営学	海野博 畑隆	編著	2,600円
豊かに暮らし社会を支えるための 教養としてのビジネス入門	石毛宏	著	2,800円
おもてなしの経営学［実践編］ －宮城のおかみが語るサービス経営の極意－	東北学院大学経営学部 おもてなし研究チーム みやぎ　おかみ会	編著 協力	1,600円
おもてなしの経営学［理論編］ －旅館経営への複合的アプローチ－	東北学院大学経営学部 おもてなし研究チーム	著	1,600円
おもてなしの経営学［震災編］ －東日本大震災下で輝いたおもてなしの心－	東北学院大学経営学部 おもてなし研究チーム みやぎ　おかみ会	編著 協力	1,600円
イノベーションと組織	首藤禎史 伊藤友章 平安山英成	訳	2,400円

（本体価格）